Orchideen

THE ROYAL HORTICULTURAL SOCIETY

Brian und
Wilma Rittershausen

*Fotos von
Linda Burgess*

Orchideen

150 Arten und Hybriden im Porträt

KOSMOS

INHALT

6   DIE WELT DER ORCHIDEEN

24   DIE ORCHIDEENFAMILIE

58   KÜHL KULTIVIERTE ORCHIDEEN

124   TEMPERIERT KULTIVIERTE ORCHIDEEN

170   WARM KULTIVIERTE ORCHIDEEN

198   DIE ORCHIDEENKULTUR

221   ORCHIDEENPFLEGE IM LAUF DES JAHRES

222   REGISTER

224   IMPRESSUM

Träume scheinen mir wie Orchideen.
So wie jene sind sie bunt und reich.
Aus dem Riesenstamm der Lebenssäfte
ziehn sie just wie jene ihre Kräfte,
brüsten sich mit dem ersaugten Blute,
freuen in der flüchtigen Minute,
in der nächsten sind sie tot und bleich.
Und wenn Welten oben leise gehen,
fühlst du's dann nicht wie von Düften
wehen?
Träume scheinen mir wie Orchideen.

Rainer Maria Rilke

Die Welt der Orchideen

Orchideen besitzen viele Geheimnisse. Ihre Ursprünge verlieren sich im Nebel der Zeit, und da nur sehr wenige fossile Hinweise gefunden wurden, kann niemand sicher sagen, wann sie das erste Mal auf der Erde erschienen sind. Während ihr exakter Ursprung unbekannt bleibt, sind ihre Entwicklungsgeschichte und ihre Struktur sehr viel klarer. Orchideen haben sich vielfach angepasst und ihr Aussehen immer wieder verändert, um aus jeder Umwelt auf der Erde ihren Vorteil ziehen zu können. Als Opportunisten sind sie gleichermaßen in Wäldern, auf Grasland, in Sümpfen, Wüsten und anderen trockenen Gebieten zu Hause.

In den letzten Jahren hat es eine Reihe aufregender Fortschritte in der Welt der Gentechnik gegeben, was dazu führte, dass zahlreiche Orchideen neu klassifiziert wurden, da mehr Informationen über ihre verwandtschaftlichen Beziehungen bekannt wurden. Als weltweite Autorität für die Taxonomie der Orchideen gilt der botanische Garten von Kew in London. Die „Kew Monocot Checklist" wurde als Referenz für dieses Buch verwendet. Für Hybriden gilt die Royal Horticultural Society in London als internationale Institution für die Registrierung. Sie diente uns als Referenz, um sicherzustellen, dass wir die letzten akzeptierten Namen in diesem Buch benutzen.

OBEN
Die elfenhaften Blüten von *Dendrobium* Ekapol lassen sich auf die natürliche Schönheit von einigen wenigen Naturformen zurückführen. In diesem Falle wird das Aussehen von dem aus Australien stammenden *Dendrobium phalaenopsis* geprägt, das auf einer der Expeditionen von Captain Cook entdeckt wurde.

Die Entwicklungsgeschichte

Man geht heute davon aus, dass sich die Orchideen in der frühen Kreidezeit vor etwa 120 Millionen Jahren entwickelt haben. Damals brach der Superkontinent Pangea auseinander, und die Bruchstücke formten die Kontinente, wie wir sie heute kennen. Zu dieser Zeit existierten bereits die ersten Orchideen. Wahrscheinlich lebten sie in einer Region, die heute als Malaysia bekannt ist. Als die Platten des Superkontinents langsam auseinanderdrifteten, bewegten sich die Orchideen mit ihnen und verbreitete sich über die ganze Welt.

Eine der Orchideen, die einst auf diese Landmasse weit verbreitet war, ist die Vanille, deren Samenkapseln heute als Gewürz Verwendung finden. Die ursprüngliche Position dieser Gattung auf Pangea kann man ableiten, wenn man sich ansieht, wo diese Gattung heute vorkommt. Von ihrer zentralen Position aus wurde sie über die Ozeane hinweg in ihre heutigen Heimatregionen in Afrika, Südamerika im Westen und Malaysia im Osten getragen. *Dendrobium* ist eine andere Orchideengattung, die ebenfalls ein weites Verbreitungsgebiet und sich zu vielfältigen Formen entwickelt hat. Die beinahe 1000 Arten findet man in China, Indien, Südostasien, Malaysia, Australien und Neuseeland. Eine andere Gattung von Weltreisenden, die Frauenschuhe aus der Gattung *Cypripedium*, hat sich auf der Nordhalbkugel ausgebreitet und besiedelt Nordamerika, Europa und Asien bis hin nach China und Japan. Sie erscheint aber nicht südlich des Äquators. Die verwandte Gattung *Paphiopedilum* existiert von China und Indien bis nach Südasien und Indonesien, während ihre Verwandten der Gattung *Phragmipedium* in Zentralamerika bis zum Isthmus von Panama und in Südamerika bis in die Andenregionen hinein vorkommen.

Während sich die meisten anpassungsfähigen Orchideen über große Gebiete verbreitet haben, blieben andere, die sich mehr spezialisiert hatten, in begrenzten Gebieten. Das gilt z.B. für die Gattung *Cattleya*, die nur in Süd- und Mittelamerika zu finden ist, was darauf hindeuten mag, dass diese Gattung jüngeren Ursprungs ist als die primitivere *Vanilla* oder dass sie auf dem Ursprungskontinent Pangea eine nur sehr lokale Verbreitung hatte.

Vor etwa 10 000 Jahren war die Nordhalbkugel während der letzten Eiszeit weitgehend von Gletschern bedeckt, aber als sich das Eis zurückzog und sich die Erde wieder erwärmte, kehrte auch das Leben dorthin zurück. Aus evolutionärer Sicht ist dieser Zeitraum äußerst kurz, daher ist die Flora auf diesem Teil des Globus weit weniger artenreich und weniger vielfältig. In Großbritannien sind z.B. nur 55 Orchideenarten beheimatet, was wenig ist im Vergleich zu den Zehntausenden von Arten in den tropischen Regionen, die nicht von der Eiszeit beeinflusst worden sind und wo die Evolution über Hunderte von Jahrtausenden unbeeinflusst ablaufen konnte.

Heute besiedeln Orchideen fast jeden Teil der Welt, außer den polaren Regionen

UNTEN
Dieser Frauenschuh wächst im herabgefallenen Laub am Boden der Wälder Südamerikas von Costa Rica bis Kolumbien. *Phragmipedium longifolium* bezaubert durch seine ungewöhnliche Blütenform.

und jenen Gebieten, in denen die Bedingungen für jedes Pflanzenwachstum zu harsch sind. Überall sonst haben sie sich angepasst, und ihre Entwicklung führte dazu, dass sie zu einer der formenreichsten und erfolgreichsten Familien im Pflanzenreich geworden sind. Sie repräsentieren die größte Pflanzenfamilie mit der größten Vielfalt auf der Welt. Schätzungen legen nahe, dass in der Natur etwa 25 000 Arten vorkommen, wobei selbst heute noch neue Arten entdeckt werden. Die Familie gliedert sich in etwa 750 eigenständige Gattungen, die sich durch unterschiedliche taxonomische Hauptcharakteristika unterscheiden.

Der Aufbau terrestrischer Orchideen

Orchideen können entweder terrestrisch oder epiphytisch leben. Die terrestrischen Orchideen wachsen am Boden, meist in Wäldern im Laubboden oder im Grasland, aber sie kommen in fast jedem Terrain vor, von Wüsten (*Eulophia petersii*) bis in halbaquatische Gebiete (*Hammabya palugosa*). In Russland gedeihen einige Arten von *Cypripedium* unter dem Schnee, ihre Blüten erscheinen, wenn sich der Schnee zurückzieht. Noch außergewöhnlicher sind die beiden australischen Arten der Gattung *Rhizanthella*, die erst 1928 von einem Farmer entdeckt wurden, als er seine Felder pflügte. Diese Orchideen wachsen und blühen vollständig unter der Erde. Terrestrische Orchideen erscheinen in großer Zahl in den Tropen und in temperierten Regionen, wo sie beispielsweise Hügel in großer Zahl besiedeln. Diese Pflanzen werden zunehmend von der Landwirtschaft bedroht. Bis heute werden sie nur sehr selten kultiviert und künstlich vermehrt. Es ist sehr schwierig, sie aus Samen zu ziehen und sie über längere Zeit in Kultur am Leben zu erhalten. Einige der Probleme konnten allerdings in der letzten Zeit gelöst werden und engagierte Amateure haben Methoden entwickelt, um beispielsweise auch heimische Erdorchideen erfolgreich kultivieren zu können.

Viele terrestrische Orchideen bilden meist paarweise unterirdische Knollen oder dicke Wurzeln, aus denen ein aufrechter Stamm mit Blättern an der Basis entspringt, der an der Spitze einen Blütenstand trägt. Die Blätter variieren von lang und schmal bis breit und rund. Wie alle Orchideen sind auch Erdorchideen mehrjährige Pflanzen, deren Wachstumszeit von einer Ruhezeit abgelöst wird. Wenn der Jahrestrieb im Herbst abstirbt, bleibt häufig nur der Stängel mit den Samenkapseln zurück. Natürliche Populationen sind von Jahr zu Jahr großen Fluktuationen unterworfen. Während man in manchen Jahren Hunderte von blühenden Pflanzen finden kann, sind in anderen Jahren nur einzelne Pflanzen zu beobachten.

OBEN
Die exquisiten Blüten von *Cattleya brasiliensis* sind ein Beispiel für die große Vielfalt im Reich der epiphytischen Orchideen.

Der Aufbau epiphytischer Orchideen

Epiphytische Orchideen wachsen an Stämmen, auf Ästen oder in Astgabeln von Bäumen. Sie sind nicht parasitisch, haben sich aber an einen Lebensraum in den Bäumen angepasst, um näher am lebenswichtigen Licht und der frischen Luft zu sein, da sie in Gebieten leben, wo der Konkurrenzdruck durch andere Pflanzen sehr groß ist. Auf diese Weise haben sie eine Lebensweise entwickelt, in der nur die Stärksten und Kräftigsten überleben können. Sie nehmen mit ihren speziellen Wurzeln Feuchtigkeit aus der Luft auf, mit denen sie sich auch festklammern, ohne den Baum zu schädigen, von dem ihr Überleben abhängt. Den Bäumen droht nur Gefahr durch die Größe der epiphytischen Orchideen. *Grammatophyllum speciosum*, das auf Eisenholzbäumen auf den Philippinen lebt, kann eine Höhe von 5 m erreichen und den ganzen Stamm umschließen. Sein Gewicht kann den Baum gefährden. Stürzt der Baum um, können die Orchideen am Boden für viele Jahre weiterwachsen, während der Stamm langsam vergeht. Die Lebenserwartung der Orchideen ist direkt mit der Lebensspanne der Bäume, auf denen sie leben, verknüpft.

Einige Epiphyten wie *Stanhopea* bilden ihre Blüten an hängenden Rispen unter den Ästen, auf denen sie wachsen. Sollte in diesem Fall der Baum umstürzen, wird die Pflanze zwar weiterleben, jedoch nicht in der Lage sein, Blüten zu produzieren. Während ihres Daseins wird diese Orchidee zwar entlang des Astes weiterwachsen, indem sie jedes Jahr neue Bulben bildet, aber sie wird sich nicht mehr vermehren können.

Epiphytische Orchideen sind vielfältiger als die terrestrischen, sowohl in ihrer Struktur als besonders auch in ihren Blüten. Mit wenigen Ausnahmen werden diese Orchideen durch Insekten bestäubt, und ihre Methoden, das richtige Insekt anzulocken, sind faszinierend und komplex. Unter den Millionen von Insekten hat sich jede Orchidee durch außergewöhnliche Maßnahmen einem bestimmten Insekt angepasst, das durch ihre Blüten angezogen wird. Auf diese Weise haben sich die Orchideen hochgradig spezialisiert und besitzen eine außerordentliche Variationsbreite zwischen den Arten.

Während die populären, vielfach kultivierten Orchideen sowie ihre Blütenbestandteile sehr leicht zu identifizieren sind, gibt es Hunderte von weniger bekannten Arten, deren Blütenteile jeder Beschreibung widerstehen und unser Vorstellungsvermögen und unsere Möglichkeiten, sie zu identifizieren, an die Grenzen führen. Hauptsächlich findet man epiphytische Orchideen in tropischen Regionen, wo es warm genug für ihre luftige Lebensweise ist und die Gefahr, dass ihre Wurzeln dem Frost ausgesetzt werden, gering ist.

Die südliche Grenze ihrer Verbreitung sind die temperierten Regenwälder Australiens und Neuseelands. Ihr Hauptverbreitungsgebiet und die Regionen, wo sie ihren entwicklungsgeschichtlichen Zenit erreicht haben, sind die äquatorialen Wälder. Hier

finden sich die außergewöhnlichsten Formen, deren Vielfalt keine Grenzen zu kennen scheint und deren exotische Schönheit unvergleichlich ist. Es waren diese tropischen epiphytischen Orchideen, die die frühen Gärtner inspirierten und die gärtnerische Welt beeindruckte. Aber die epiphytischen Arten sind vom Aussterben bedroht, da die tropischen Regenwälder zerstört werden. In vielen Fällen ist das Überleben dieser Pflanzen lediglich durch die botanischen Gärten, Nationalparks und Reservate gesichert, in denen verschiedene Orchideen etabliert oder aus künstlicher Nachzucht wieder ausgewildert werden.

Epiphytische Orchideen zeigen zwei typische Wuchsformen: sympodial oder monopodial. Die Mehrzahl der Orchideen wächst sympodial, d.h., sie bilden neue Triebe aus einem Vegetationspunkt an der Basis der ausgereiften Pseudobulbe. Diese wachsen und blühen dann gewöhnlich in einer Saison. Auf diese Weise bildet sich über die Jahre hinweg eine lange Kette von Pseudobulben, die untereinander durch ein Rhizom verbunden sind. Die Pflanze kann sich vegetativ vermehren, indem aus der Basis einer Pseudobulbe zwei neue Triebe entstehen. Auf diese Weise breitet sich die Pflanze über ein verzweigtes Rhizom ähnlich wie eine Iris aus und kann sich dabei unter Umständen in der Größe rasch verdoppeln. Aber Orchideen haben keine dauerhaften Strukturen. Die Wurzeln und Blätter überleben möglicherweise nur eine Saison, wie es bei *Pleione* oder *Calanthe* der Fall ist, manchmal überdauern sie auch mehrere Jahre, z.B. bei *Cymbidium* oder *Odontoglossum*.

Die meisten sympodialen Orchideen erzeugen Pseudobulben, die nicht, wie der Name nahelegt (lat. „Bulbus" = Zwiebel) richtige Zwiebeln sind, sondern angeschwollene Sprosse, die der Wasser-

---

VON LINKS NACH RECHTS

Coelogyne
Die plumpen beblätterten Bulben dieser sympodialen Orchidee enthalten Nährstoffreserven für die Pflanze. Die neuen Triebe entspringen an der Basis der alten Bulbe. Auch Wurzeln entwickeln sich an dem letzten Pseudobulbue, aber Blätter und Wurzeln werden von der Bulbe überlebt, die über mehrere Jahre die Pflanze ernähren kann. Alte, blattlose Bulben können neu austreiben und zur Vermehrung der Pflanze benutzt werden.

Cattleya
Die hochgewachsenen Bulben dieser *Cattleya*-Hybride tragen ein einzelnes ledriges Blatt, was sie als unifoliate *Cattleya* identifiziert. Der Blütenstand entwickelt sich aus der Spitze der Bulben, wobei die mehrblütigen Rispen nur am jüngsten Trieb einer Saison entstehen.

Cymbidium
Die Bulben dieser Pflanze werden von zahlreichen langen, schmalen Blättern umgeben. Der Blütenstand entspringt an der Basis des jüngsten Bulbus, wobei reichblühende Arten bis zu sechs Rispen aus einer Pseudobulbe bilden können.

Odontoglossum
Alle Orchideen aus der *Odontoglossum*-Gruppe kann man leicht an ihren grünen, kegelförmigen Pseudobulben erkennen, die meist an der Spitze ein einzelnes Blatt oder ein Blattpaar tragen und üblicherweise an der Basis von einem Paar Blätter umgeben sind. Die oft vielblütigen Blütenstände erscheinen meist zwischen den basalen Blättern und den Bulben.

VON LINKS NACH RECHTS

Dendrobium
Die sympodialen Orchideen dieser Gruppe werden häufig mit monopodialen Orchideen verwechselt, weil ihre hochgewachsenen, schilfartigen Stämme auf beiden Seiten beblättert sind. Die neuen Triebe entspringen aber immer der Basis der alten Pseudobulbe.

Stanhopea
Die sympodialen *Stanhopea* bilden gerippte Pseudobulben, jede mit einem einzelnen breiten Blatt. Die Blütenstiele entstehen an der Basis der Pseudobulben und wachsen abwärts. Ihre Spitzen bohren sich durch den Pflanzstoff und erscheinen unterhalb der Pflanze, wo sich die Blüten öffnen.

Paphiopedilum
Frauenschuhorchideen sind sympodiale Orchideen, die keine Pseudobulben entwickeln. Ihre mehrblättrigen Triebe bilden sich jeweils an der Basis des älteren. Während die älteren Triebe im Laufe der Zeit absterben, übernehmen die neuen Triebe ihre Rolle. Jeder neue Trieb blüht einmal.

Vanda
Die monopodial wachsenden Vandas bilden ihre halb aufrechten Blättern paarweise an einem immer weiter nach oben wachsenden Stamm. Ihre dicken Luftwurzeln, die entlang des Stammes entstehen, sind fleischig und dick. Wenn man sie in offenen Körben pflegt, haben Vandas nur wenig Bedarf an Pflanzstoff, vorausgesetzt sie werden in einer feuchten Umgebung gehalten, in der die Wurzeln die Luftfeuchtigkeit absorbieren können. Blütenstiele entstehen zwischen den Blättern ein- bis zweimal im Jahr.

speicherung dienen. Sie stellen die langlebigsten Teile der Pflanze dar und überdauern normalerweise fünf bis sechs Jahre. Im Inneren erinnern sie eher an eine Knolle als an die blättrige Struktur einer echten Zwiebel. Diese Pseudobulben variieren sehr stark in Größe und Form und können rund, konisch oder lang gezogen sein, bis hin zu schilfartigen Stämmen. Ist eine Pseudobulbe blattlos geworden, bezeichnet man sie als Rückbulbe. Obwohl sie keine eigenen Blätter oder Wurzeln mehr hat, spielt eine Rückbulbe dennoch eine wichtige Rolle für die Pflanze, indem sie ihre Reserven an die jungen Pseudobulben weitergibt. Jede Pseudobulbe kann abhängig von der Gattung ein oder mehrere Blätter tragen. Die Blätter sympodialer Orchideen sind ebenso vielgestaltig wie die Bulben. Sie können beispielsweise lang und schmal oder kurz und breit sein. *Cattleya* bildet ein einzelnes breites, ledriges Blatt an der Spitze einer lang gezogenen Pseudobulbe. *Odontoglossum* besitzt ein oder zwei apikale Blätter an der Spitze der runden Pseudobulbe, die von zwei kürzeren basalen Blättern umgeben ist. *Cymbidium* hat lange schmale Blätter, bis zu zehn an der Zahl, die die Pseudobulbe dachziegelartig umgeben. Einige Arten der Gattung *Dendrobium*, die lange schilfartige Pseudobulben haben, besitzen auf ihrer ganzen Länge ovale, breite Blätter. Andere sympodiale Orchideen, z.B. die Frauenschuhe der Gattung *Paphiopedilum* und verwandte Gattungen, haben keine Pseudobulben. Sie bilden neue Triebe, die aus mehreren langen, schmalen Blättern bestehen.

Die Wurzeln der sympodialen Orchideen können dünn und fadenförmig oder dick und fleischig sein. In Töpfen kultivierte Pflanzen formen oft dichte Wurzelballen, die, wenn entwirrt, mehrere Meter lang sein können.

RECHTS
Der monopodiale Wuchs bei *Phalaenopsis* führt zu dicken, fleischigen Blättern, die wechselständig um einen kurzen dicken Stamm herum wachsen. Ältere Blätter werden auf natürliche Weise abgeworfen, während sich neue Blätter bilden. Auf diese Weise besitzt eine Pflanze selten mehr als fünf Blätter, die Blütenstiele erscheinen zwischen den Blättern aus dem Stamm.

Monopodiale Orchideen zeigen eine andere Wuchsform. Diese Pflanzengruppe, die die Gattungen *Vanda*, *Phalaenopsis* und eine Reihe anderer, weniger bekannter Orchideen umfasst, besitzen einen aufwärts wachsenden Stamm, an dem wechselständige Blätter sitzen. Der Stamm von *Phalaenopsis* ist kurz und gedrungen, er entwickelt insgesamt nur ein oder zwei Blätter pro Jahr. Die älteren Blätter an der Basis werden auf natürliche Weise von Zeit zu Zeit abgeworfen. Pflanzen der Gattung *Vanda* dagegen besitzen einen langen Stamm mit zahlreichen Blättern und können einen oder mehrere Meter lang werden. Auch hier sterben die ältesten Blätter ab und hinterlassen einen nackten Stamm, aus dem dicke, fleischige Luftwurzeln entspringen, die ebenfalls sehr lang werden können.

Die Blütenstruktur

Orchideenblüten werden an sehr unterschiedlichen Infloreszenztypen gebildet, die meist als Rispen bezeichnet werden, aber botanisch korrekt eigentlich Trauben sind. Sie können basal an der Basis der Pflanze entstehen, z.B. bei *Cymbidium*, *Odontoglossum* oder *Lycaste*, apikal aus der Spitze der Pseudobulben wie bei *Cattleya*, oder axillar wie bei *Vanda* oder *Phalaenopsis*, bei denen die Blütenstiele seitlich zwischen den Blättern entspringen.

Einige Orchideen besitzen nur einzelne Blüten, während andere mehrere Hundert tragen können. Die am häufigsten kultivierten Orchideen haben typischerweise zwischen sechs und einem Dutzend Blüten an einem Blütenstiel, der natürlich überhängen, aufrecht stehen oder herabhängen kann. Die Blüten erscheinen an Seitenzweigen oder direkt aus dem Hauptstiel. Orchideenblüten zeigen die größte Vielfalt im gesamten Pflanzenreich, und in ihrer Form und Struktur unterscheiden sie sich am offensichtlichsten von allen anderen Blütenpflanzen. Mit so vielen Unterschieden wundert man sich, wie sie alle zur Orchideenfamilie gehören können. In ihrer Komplexität und Vielfalt scheinen sie unendlich zu sein, aber es handelt sich immer um das Spiel von Thema und Variation. Alle Orchideenblüten, ob riesengroß oder winzig klein, lassen sich auf ein Basisschema zurückführen. Jede Blüte besteht aus einem äußeren und einem inneren Kreis von Blütenblättern. Der äußere Kreis enthält drei Sepalen, die in Form und Farbe

Der Aufbau der Orchideenblüte am Beispiel von *Cymbidium*

Obere Sepale – alle drei Sepalen formen den äußeren Kreis der Blütenblätter.

Petale – die beiden seitlichen Petalen und die Lippe formen den inneren Kreis der Blütenblätter.

Petale

Die **Anthere** verbirgt die Pollinien unter der Antherenkappe.

An der **Narbe** (unterhalb der Anthere) werden die Pollinien abgeladen und es kommt zur Bestäubung der Blüte.

Die **Säule** enthält die weiblichen und männlichen Reproduktionsorgane.

Die **Lippe** wird von der dritten Petale gebildet, die im Lauf der Entwicklungsgeschichte zu einer attraktiven Landeplattform für den Bestäuber umgeformt wurde.

Untere **Sepalen**

oft den inneren Blütenblättern ähnlich sind und meist zur Blütengröße erheblich beitragen. Der innere Kreis besteht aus zwei seitlichen Petalen und einer dritten Petale, die sich zur sogenannten Lippe, auch Labellum genannt, umgeformt hat.

Die Lippe hat für vorbeifliegende Bestäuber die Funktion einer Signalflagge und bildet eine ideale Landeplattform für das besuchende Insekt, das durch die farblichen Markierungen, die sich vom Rest der Blüte unterscheiden, angelockt wird. Orchideenblüten bilden auf der Lippe häufig spezielle Strukturen wie Saftmale, Schwielen oder Kämme, um sicherzustellen, dass das Insekt, das von der Blüte angezogen wird, genau den richtigen Punkt trifft, um die Blüte zu bestäuben. Manchmal ist die Lippe sehr unscheinbar, und als Ersatz dafür sind die Sepalen miteinander verwachsen und formen eine große Blütenstruktur. Einige *Masdevallia*-Arten bilden überdurchschnittlich große und kräftig gefärbte Sepalen, während die Petalen ebenso klein und unscheinbar sind wie die Lippe. Diese Blüten werden häufig von Vögeln bestäubt. Die Lippen verschiedener Orchideen sind sehr einfach gebaut, während andere hochkomplexe Strukturen haben, aber alle dienen dem gleichen Zweck. Einige sind steif und fest fixiert wie bei *Odontoglossum*, während andere ein bewegliches Gelenk haben, wie man es bei *Cymbidium* findet. In diesem Fall muss die Biene die richtige Größe haben, um ihren Weg in das Innere der Blüte zu finden. Auch die Größe der Lippe im Verhältnis zur Größe der Blüte ist sehr unterschiedlich. Bei *Cattleya* und *Sobralia* sind die Lippen sehr groß, sehr kräftig gefärbt und stellen den attraktivsten Teil der Blüte dar. Auch bei *Oncidium* ist die Lippe überdurchschnittlich groß, während die Sepalen stark reduziert sind und zum Teil von der Lippe verdeckt werden. Bei *Euanthe san-*

deriana und ihren Hybriden sind die breiten Sepalen und Petalen mit ihrem meist komplizierten Muster hervorstechend, während die Lippe sehr reduziert ist. Bei einigen Arten von *Bulbophyllum* und *Pleurothallis* ist die Lippe beinahe nicht existent, und ein strenger Duft bildet die Hauptattraktion der Blüte für den Bestäuber, meist Aasfliegen. Einige Lippen können behaart sein oder haarige Anhänge besitzen, z.B. die von *Bulbophyllum barbigerum*, die wie eine sorgfältig konstruierte Angelfliege zum Fliegenfischen aussieht und sich beim leichtesten Windhauch bewegt. In der Gattung *Coryanthes* hat sich die Lippe besonders seltsam verändert – sie hängt einem Gefäß ähnlich unter der Blüte. Oberhalb dieser Schale befindet sich ein Pflanzenteil, von dem eine Flüssigkeit in die Lippe tropft. Die Bienen, die diese Pflanzen besuchen, kratzen mit ihren Beinen an dieser Stelle, um ein besonderes Öl aus der Pflanze zu gewinnen, das sie für die Partnersuche brauchen. Sie werden dann von einem solchen Tropfen in die Lippe gespült. Dort schwimmen sie zur einzigen Öffnung, die ihnen ein Entkommen ermöglicht, wobei sie an der Narbe und den Pollinien vorbei müssen.

Paphiopedilum und verwandte Orchideen werden häufig als Frauenschuhe bezeichnet, weil ihre Lippe schuhförmig ausgebildet ist. Insekten werden angelockt, um dort hineinzukriechen, wobei der Ausgang wieder an Narbe und Pollinien vorbeiführt. Meist ist die Lippe der Orchideen auf der unteren Seite der Blüte, bei einigen wenigen Arten wie *Prosthechea cochleata* und *Prosthechea radiata* weist die Lippe nach oben. Im Knospenstadium zeigt die Lippe der meisten Orchideen nach oben. Während sich die Knospe aber öffnet, dreht sich der Fruchtknoten um 180°, bis die Lippe in der Position ist, die wir für normal halten. Dieser Vorgang wird als Resupination bezeichnet.

In der Mitte der Orchideenblüte befindet sich eine einzelne fingerartige Struktur, die als Säule (Columna) bezeichnet wird. Sie enthält die weiblichen und männlichen Reproduktionsorgane. An der Spitze der Säule sitzt die Anthere. Sie wird von einer Antherenkappe geschützt. Unter dieser leicht zu entfernenden Kappe sitzt in einer Vertiefung der Pollen der Orchidee. Anders als bei allen anderen Pflanzen, bei denen der Pollen aus losen Körnern besteht, ist er bei Orchideen zu einer mehr oder weniger festen Masse verklebt, den Pollinien. Normalerweise enthält die Anthere zwei davon, aber es gibt auch Orchideen mit vier, sechs oder acht Pollinien. Sie sind meist goldgelb und häufig über zwei dünne Fädchen mit einer Klebscheibe verbunden. Für die Orchidee besteht der Vorteil von festen Pollenmassen darin, dass kein Pollen verloren geht und vergeudet wird, wie es bei Pflanzen der Fall ist, die durch Wind bestäubt werden. Unterhalb der Anthere befindet sich die Narbe, eine kleine höhlenartige Vertiefung mit klebriger Oberfläche, auf die der Pollen durch das bestäubende Insekt übertragen wird. Durch die Saftmale auf der Lippe wird das Insekt auf die Mitte der Blüte gelenkt. Dort hinterlässt es zunächst den Pollen, den es beim Besuch einer anderen Blüte aufgenommen hat und nimmt beim Verlassen der Blüte die neuen Pollinien mit, die es dann zur nächsten Blüte trägt.

Manchmal werden die Insekten durch Täuschung angelockt. Wenn die Orchidee andere Pflanzen oder einen Sexualpartner nachahmt, spricht man von Mimikry. Eine Reihe von europäischen Arten der Gattung *Ophrys* hat besonders elaborierte Methoden der Täuschung entwickelt. Bei einer von Solitärbienen bestäubten *Ophrys*-Art ist auch der Blütezeitpunkt sehr wichtig, da die Orchidee exakt drei Wochen vor dem Schlüpfen der Weibchen aufblüht, zu einer Zeit, da die Männchen bereits ihren Hochzeitsflug begonnen haben. Auf der Suche nach einer Partnerin lässt sich das Männchen vom Duft und Aussehen der Orchideenblüte täuschen und versucht, sich mit der Lippe zu paaren. Die Beziehungen zwischen Orchideen und ihren Bestäubern sind sehr fein ausbalanciert und in vielen Fällen sind beide voneinander abhängig. In diesem Fall jedoch

> **VON GANZ LINKS NACH RECHTS**
> Diese Beispiele zeigen die außerordentliche Vielfalt der Orchideenblüten. Die relativ kleine Lippe von *Anguloa uniflora* besitzt ein Gelenk und kann vor- und zurückschwingen. Bei *Masdevallia* Whiskers dominieren die miteinander verwachsenen Sepalen das Aussehen der Blüte. Die übergroße Lippe von *Oncidium flexuosum* verdeckt die unscheinbaren übrigen Blütenblätter. *Miltonia clowesii* hat eine sternförmige Blüte mit zugespitzten Sepalen und Petalen und eine geigenförmige Lippe. Bei *Paphiopedilum* Pinocchio ist die Lippe zu einer schuhförmigen Kesselfalle ausgebildet.

DIE BLÜTENSTRUKTUR 17

UNTEN
Phragmipedium Eric Young verdeutlicht den besonderen Blütenaufbau der Frauenschuhorchideen. Die Lippe ist schuhförmig ausgebildet. Frauenschuhorchideen besitzen zwei Antheren zu beiden Seiten der Säule, an denen der einzige Ausgang aus der schuhförmigen Kesselfalle vorbeiführt.

profitiert allein die Orchidee und das Insekt bekommt keinerlei Belohnung.

Es gibt aber auch eindrucksvolle Beispiele der Beziehung zwischen Orchidee und Bestäuber, bei denen der Bestäuber eine Belohnung für seine Leistung erhält. Madagaskar ist beispielsweise die Heimat von *Angraecum sesquipedale*, die manchmal als die Kometenorchidee bezeichnet wird. Sie besitzt einen sehr langen Sporn, eine röhrenförmige Erweiterung am Grund der Lippe. Die Übersetzung des Artepithets lautet „1½ Fuß" und bezieht sich auf die Länge dieses Sporns, der an seinem unteren Ende Nektar enthält. Als diese Orchidee Mitte des 19. Jahrhunderts entdeckt wurde, sagte Charles Darwin vorher, dass man einen Nachtfalter finden würde, der einen ebenso langen Rüssel besäße, mit dem er an diesen Nektar heranreichen könnte, da andernfalls diese Orchidee nicht bestäubt werden könnte. Lange nach seinem Tod wurde tatsächlich ein solcher Nachtfalter gefunden. In Erinnerung an Darwins Vorhersage erhielt er den Namen *Xanthopan morganii praedicta*.

Auch der Duft beeinflusst in vielen Fällen die Beziehung zwischen Orchidee und Bestäuber. Viele der epiphytischen Orchideen besitzen einen sehr delikaten Duft, was sie auch für die Kultur im Gewächshaus sehr interessant macht. *Oncidium ornithorhynchum*, *Coelogyne ochracea*, *Maxillaria picta* und *Prosthechea radiata* sind dafür einige hervorragende Beispiele. Allerdings verströmen diese Orchideen ihren Duft nicht rund um die Uhr. Je nach dem, wann der Bestäuber unterwegs ist, duften einige Orchideen wie *Brassavola nodosa* und viele Arten der Gattung *Angraecum* nur nachts, da sie auf Nachtfalter angewiesen sind. Andere produzieren ihren Duft morgens oder mittags, wieder andere nur, wenn die Sonne scheint. Auch mit dem Alter der Blüte verändert sich der Duft. Nicht jeder Duft ist angenehm. Manche Orchideen werden von Aasfliegen bestäubt und stinken nach verrottendem Fleisch. Solche Pflanzen mit teilweise grotesk anmutenden Blüten findet man beispielsweise in der Gattung *Bulbophyllum*.

Die meisten Orchideenblüten besitzen männliche wie weibliche Organe, aber gelegentlich findet man in der Welt der Orchideen auch rein männliche und rein weibliche Blüten. Bei *Catasetum* und *Cycnoches* unterscheiden sich die beiden Geschlechter sehr deutlich in Form und Größe, was die Taxonomen früher zur Annahme veranlasst hat, dass es sich um verschiedene Arten handelt.

Samen und Mykorrhiza

Nachdem eine Orchideenblüte von einem Insekt bestäubt wurde, schwillt der Fruchtknoten hinter der Blüte rasch an. Nach einer von Art zu Art unterschiedlichen Dauer von bis zu neun Monaten entwickelt sich die längliche bis eiförmige Samenkapsel. Zu dieser Zeit ist die Blüte meist vergangen und verschrumpelt. Wenn ausgereift, enthält die Samenkapsel mehrere Millionen hellgelber staubförmiger Orchideensamen, die an sehr feines Sägemehl erinnern. Unter dem Mikroskop betrachtet, kann man erkennen, dass jeder Same in einer kleinen Hülle steckt, die an ein Einkaufsnetz erinnert.

In der Natur wird dieser Samen vom Wind weit fortgetragen. Platzt die Kapsel entlang der Rippen auf, entlässt sie den Samen nach und nach über mehrere Tage hinweg, um ihn vom Wind davontragen zu lassen. Von diesen Zehntausenden von Samen werden nur sehr wenige keimen und wachsen, weniger als 1 %. Diese extrem niedrige Keimrate ist ein Resultat der Abhängigkeit der Orchideensamen von Mykorrhiza, der Lebensgemeinschaft mit einem mikroskopisch kleinen Pilz, der seinerseits auf die Orchidee angewiesen ist, um zu überleben. Diese gegenseitige Abhängigkeit ist nichts Ungewöhnliches im Pflanzenreich, denn viele Bäume und andere Pflanzen haben eine symbiotische Beziehung zu Pilzen. Nur die Orchideensamen, die dort landen, wo ihr spezifischer Mykorrhizapilz siedelt, haben eine Überlebenschance. Diese Wahrscheinlichkeit ist natürlich besonders groß, wenn in dieser Gegend schon Orchideen leben, in deren Nähe sich der entsprechende Pilz bereits befindet. Wenn Samen und Pilz aufeinandertreffen, infiziert der Pilz den Samen, und die enge Beziehung zwischen beiden beginnt. Beide Partner sind auf diese symbiotische Beziehung angewiesen. In der Natur beschränkt sich die Mykorrhiza auf die Wurzeln und den Bereich darum herum. Bei der künstlichen Vermehrung von Orchideen werden die Samen vor dem Öffnen der Kapsel geerntet. Sie werden auf einem sterilen Nährmedium ausgesät, das sie mit allen nötigen Nährstoffen versorgt, bis sie sich über ihre Blätter und Wurzeln selbst versorgen können.

OBEN
Wenn eine Orchideenblüte bestäubt wurde, fällt die Blüte zusammen und stirbt, während der Fruchtknoten wie bei dieser *Prosthechea cochleata* anschwillt und zur Samenkapsel wird. Die Kapsel braucht mehrere Monate bis zur Reife. Dann platzt sie entlang der Ränder auf und entlässt ihre Samen in den Wind. In diesem Beispiel verbleibt die vertrocknete Blüte an der Spitze der Kapsel.

Naturformen und Hybriden

Der botanische Name einer Orchidee besteht aus zwei Teilen, der erste ist der Name der Gattung, z.B. *Cymbidium*, der zweite ist das Artepithet, das alle Individuen einer Art zusammenfasst, z.B. *lowianum*.

OBEN
Rhynchostele bictoniensis wurde schon früh in Kultur genommen (1835) und blühte erstmalig in Bicton in England.

In der Natur unterscheiden sich die Individuen einer Art meist nur wenig, manchmal findet man aber besonders herausragende Exemplare, die sich durch Farbe, Form oder Haltung besonders unterscheiden. Wenn eine kleine Population von solchen Pflanzen vorhanden ist, beschreibt man sie als Varietät dieser Art, z.B. *Cymbidium lowianum* var. *concolor*. So existieren Arten und ihre Varietäten, die sich im Laufe von Millionen von Jahren möglicherweise zu eigenen Arten entwickeln können.

Viele Orchideen sind auch heute immer noch entwicklungsgeschichtlich stark im Wandel. Wenn unterschiedliche Arten dicht beieinander leben und den gleichen Bestäuber haben, kann es unter Umständen zur Kreuzbestäubung und damit zu Naturhybriden kommen.

Hybriden sind weit häufiger das Ergebnis der Arbeit von Züchtern. Wenn man zwei Naturformen miteinander kreuzt, spricht man von einer Primärhybride. Bei Orchideen ist es auch möglich, Kreuzungen über Gattungsgrenzen hinweg vorzunehmen. Dabei handelt es sich dann um Mehrgattungshybriden. Auf diese Weise erreicht man in der Züchtung ein wesentlich größeres Spektrum als in jeder anderen Pflanzenfamilie. In den letzten 150 Jahren wurden über 100 000 Orchideenhybriden registriert und jedes Jahr kommen etwa 3000 neue Hybriden dazu.

UNTEN
Mit ihrer dunkelvioletten Lippe und den kräftig gefleckten Blütenblättern ist *Rhynchostele* Violetta von Holm 'Wilma' eine kompakte blühfreudige Hybride aus den beiden Arten *Rhynchostele bictoniensis* und *Rhynchostele rossii*.

Lebensräume

Als Überlebenskünstler sind Orchideen sehr dauerhaft und hart im Nehmen. Sie besiedeln die unglaublichsten Lebensräume. Aus der warmen Umgebung der tropischen Regenwälder haben sie sich nach Norden bis zu den arktischen Regionen Russlands und Alaskas ausgebreitet und besiedeln im Süden die großen Landmassen von Südamerika und Australien bis zum äußeren Ende. Ihre Anpassungsfähigkeit ist legendär. So findet man z.B. in den tropischen Regionen, die sich von Afrika und Madagaskar bis nach Südamerika und zu den Westindischen Inseln erstrecken, eine seltsame Orchidee, die durch die Baumwipfel nach oben klettert und dort in den Kronen lange lianenartige Stämme ausbildet. Dort oben werden ihre Blätter dick und fleischig, ihre Wurzeln erreichen nur sehr selten den Boden. Es handelt sich um eine Pflanze aus der Gruppe der Vanille (*Vanilla pompona*), aus der auch unsere bekannte Vanille (*Vanilla planifolia*) stammt, die wir als Gewürz in der Küche verwenden. Eine andere Art dieser Gattung, *Vanilla homboldtii*, wächst in Wüstenregionen und kriecht dort am Boden entlang. Ihre Blätter sind zu kleinen Schuppen reduziert und ihre Wurzeln sind kurz und dick, um wenig Feuchtigkeit zu verlieren. Unsere Speisevanille stammt ursprünglich aus Mexiko und wurde dort schon von den Maya und den Azteken als Gewürz verwendet. Die Spanier brachten sie im 16. Jahrhundert nach Europa. Heute ist die Vanille die einzige Orchidee, die wegen ihrer Früchte kultiviert wird. Aus den getrockneten Samenkapseln wird die Vanilleessenz gewonnen. Die Blüten sind groß und ansehnlich, gelb oder grün, aber jeweils nur sehr kurzlebig. Sie blühen oft nur weniger als 24 Stunden. In Kultur blüht die Vanille nur selten und häufig erst dann, wenn sie sehr lang und sehr groß geworden ist und in der vollen Sonne steht.

LINKS
Vanilla pompona stammt aus dem tropischen Südamerika, wo sie wie eine Liane in den Bäumen lebt.

MITTE
Cypripedium guttatum ist eine kleine Erdorchidee, die im rauen Klima Nordamerikas wächst.

RECHTS
Seit der Entdeckung tropischer Orchideen vor über 200 Jahren sind Pflanzensammler weltweit in den Bergen und Wäldern unterwegs, um neue Pflanzen zu entdecken. *Coelogyne cristata* wurde auf Baumstämmen und Ästen hoch in den Gebirgsregionen Nepals gefunden.

LINKS
Cypripedium calcelolus ist ein wunderschöner Frauenschuh aus Europa, der u.a. an kühlen Berghängen wächst, sich aber auch in schattigen Wäldern wohlfühlt. Leider befindet er sich in seiner natürlichen Umgebung am Rande der Ausrottung.

RECHTS
Auf den Hügeln und grasartigen Steppen Südamerikas findet sich die Erdorchidee *Sobralia*. Ihre wunderschönen, papierdünnen Blüten, die an Cattleyen erinnern, sind leider nur sehr kurzlebig und halten lediglich ein oder zwei Tage.

Entlang der Küsten von Venezuela und auf den Westindischen Inseln finden sich salzige Mangrovensümpfe, in denen man Orchideen nicht unbedingt vermuten würde. Aber auch hier ist eine bemerkenswerte Art zu Hause: *Caularthron bicornutum*. Diese ungewöhnliche Pflanze besitzt hohle Pseudobulben, an deren Basis sich ein Spalt öffnet. Hier können Feuerameisen hineingelangen und in der hohlen Bulbe ihr Nest bauen. Diese Lebensgemeinschaft hat für die Orchidee den Vorteil, dass sie von den Ameisen geschützt wird. Allerdings wird das Sammeln dieser Pflanze für Liebhaber auf diese Weise auch extrem gefährlich. Die Pflanze findet sich häufig in Kultur, wird aber nur selten zur Hybridisierung eingesetzt. Ihre wunderschönen weißen Blüten geben ihren Hybriden eine besondere Grazie. Auch andere Orchideen haben eine Toleranz gegenüber Salzwasser entwickelt. So findet man z.B. entlang der Küsten von Thailand und Malaysia an Kalkklippen an fast unzugänglichen Stellen eine Frauenschuhorchidee (*Paphiopedilum bellatulum*). Ihre Wurzeln klammern sich an die Felswände, und die Pflanze wächst dort scheinbar unbeeindruckt vom spritzenden Salzwasser.

In den gemäßigten Regionen wachsen einige Orchideen, z.B. *Epipactis*, in den Sanddünen nahe der See. In Alaska und Russland kann man in der Tundra Orchideen finden, kleine Pflanzen, die in dem kurzen Sommer, wenn der Boden schneefrei ist, wachsen und blühen. Dies sind einige Beispiele für die extremeren Lebensräume der Orchideen. Der größere Teil der Arten findet sich aber in den tropischen Wäldern rund um den Äquator. Jeder Kontinent und jede Insel hat seine eigene, häufig nur dort vorkommende Orchideenflora, aber die meisten Schätze dieser faszinierenden Pflanzenfamilie finden sich in den tropischen Regenwäldern.

UNTEN
Phalaenopsis sind heute die beliebtesten Zimmerorchideen. Die gleichmäßig konstanten Temperaturen in unseren Räumen kommen ihren natürlichen Bedürfnissen sehr entgegen.

Orchideen im Haus

Die Orchideenarten, die in extremen Regionen vorkommen, sind nur selten in Kultur. Sie entsprechen einfach nicht den Erwartungen der Amateure, die sich meist großblumige, farbige Blüten wünschen. Solch großblumige Arten mit ihren zahlreichen Hybriden, die aus ihnen gezüchtet wurden, kann man bezüglich der Pflege im Haus in drei Gruppen einteilen. Diese drei Gruppen – kühl, temperiert und warm – werden später in diesem Buch noch näher erläutert.

Kühl zu kultivierende Orchideen stammen meist aus höheren Lagen, z.B. *Cymbidium*, *Odontoglossum* und einige Dendrobien. Auch in den Gattungen *Prosthechea* und *Coelogyne* finden sich einige Arten aus diesen Klimaregionen. Von den zuerst genannten Gattungen kann man heute viele Arten und Hybriden mit einem breiten Farben- und Formenspektrum bekommen. Die kleinwüchsigen Arten der Gattungen *Prosthechea* und *Coelogyne* sind besonders für Kulturräume geeignet, in denen Platz Mangelware ist. Sie gedeihen sehr gut im Haus, solange die Temperaturen nicht zu hoch werden, wie es beispielsweise in einem Wintergarten der Fall sein kann. Natürlich kann man diese Orchideen in unseren Breiten nicht in einem Raum kultivieren, der im Winter ungeheizt bleibt. Ideal ist ein Standort z.B. im Wohnzimmer, der nicht der direkten Sonne ausgesetzt ist, tagsüber warm und nachts kühler ist. Orchideen des temperierten Bereiches umfassen u.a. die fabelhaften Cattleyen aus Südamerika, die Frauenschuhorchideen sowie *Mitoniopsis*, die Stiefmütterchenorchideen. Die exotischen Cattleyen brauchen etwas mehr Wärme, und zwar auch in der Nacht. Sie benötigen einen helleren Standort als Frauenschuhe und Stiefmütterchenorchideen, die es auch etwas kühler mögen.

Etwas mehr Wärme lieben die weitverbreiteten *Phalaenopsis*. Diese Falterorchideen stammen aus wärmeren Regionen, wie man sie in tieferen Lagen der Wälder Asiens und Malaysias findet. Mit ihren großen, fleischigen Blättern und ihrer Neigung zur Bildung von Luftwurzeln mögen sie warme, schattige Standorte, wo es leichter ist, sie gleichmäßig feucht zu halten. Sie benötigen auch nachts etwas höhere Temperaturen, sollten aber nicht zu nahe an der Wärmequelle stehen, da sie dann leicht austrocknen.

Hat man einen Platz gefunden, der den natürlichen Bedingungen der Pflanzen möglichst nahekommt, kann man mit einer mit Kieselsteinen und Wasser gefüllten Schale für eine höhere Luftfeuchtigkeit sorgen. Halten Sie dazu die Kieselsteine stets feucht und wässern und besprühen Sie die Orchidee regelmäßig. Sie können sich auch an die etwas schwierigeren Arten heranwagen, wenn Sie deren Bedürfnisse erfüllen können.

Die Orchideenfamilie

Die bekanntesten Orchideengattungen bezaubern durch ihre Farben- und Formenvielfalt und ihre Schönheit. *Phalaenopsis* beeindruckt den Betrachter mit modischen, sehr langlebigen Blüten. *Cymbidium* verzaubert durch die Blütenfülle während des langen, dunklen Winters. *Odontoglossum* vereinigt die Zartheit von Brüsseler Spitze mit einer unglaublichen Farbenvielfalt. Einen besonderen Zauber üben die Cattleyen durch ihre Farbenpracht und ihren zarten Duft aus. Eine spezielle Herausforderung stellen die im Winter blühenden, unwiderstehlichen Dendrobien oder die exotischen Vandeen mit ihren indigofarbenen Blüten dar.

Cymbidium

Man sagt oft, dass die Gattung *Cymbidium* ihre Popularität nicht deshalb besitzt, weil sie leicht zu pflegen ist, sondern weil es schwer ist, sie umzubringen. Wenn man sie gut kultiviert, gehört sie zu den lohnendsten und begehrenswertesten Orchideen überhaupt. Einer der schönsten Aspekte von *Cymbidium* ist, dass sie im dunklen Winter blühen, wenn sonst kaum eine andere Pflanze ihre Blüte zeigt.

Cymbidien sind immergrüne Pflanzen, die eine Höhe von etwa 60 cm erreichen, in Blüte aber auch 90 cm groß werden können. Ihre festen Pseudobulben tragen bis zu acht lange, schmale Blätter. Die Blüten haben einen Durchmesser von 5–10 cm und stehen an einem Blütenstand, der der Basis der Pseudobulben entspringt. Meist blühen sie in der zweiten Jahreshälfte, nachdem das sommerliche Wachstum beendet ist. Durch gezielte Züchtung hat sich die Blütezeit aber inzwischen auf beinahe das ganze Jahr ausgedehnt.

Die Blüten halten fast zehn Wochen lang und besitzen eine beinahe wachsartige Textur. Die Petalen und Sepalen sind wohlgeformt und rundlich, die Lippe besitzt ein kaleidoskopähnliches Farbspektrum und ein individuelles Muster, das bei jeder Pflanze anders ist. Die fantastische Farbpalette reicht bei *Cymbidium* von jungfräulichem Weiß über ein zartes Rosa bis zu tiefem Rot, umfasst aber auch Cremetöne, kräftiges Gelb und unterschiedliche Schattierungen von Braun und Grün. In dieser Gattung kann man fast jede Farbe außer Blau finden. Manche Hybriden tragen Blütenstiele mit bis zu 15 langlebigen Blüten, die sich am besten präsentieren, wenn der Blütenstand in natürlicher Weise leicht überhängen darf. Eine große Pflanze kann einen atemberaubenden Anblick bieten, wenn zahlreiche Blütenstände gleichzeitig aufblühen.

Kultur

Die Pflege von Cymbidien ist nicht sehr schwer, und beachtet man einige wenige Regeln, kann man an einer Pflanze für viele Jahre Freude haben. Es ist nicht ungewöhnlich, auch Pflanzen in Liebhabersammlungen zu finden, die aus den 20er- und 30er-Jahren des 20. Jahrhunderts stammen. Um zu verstehen, was *Cymbidium*-Hybriden mögen, muss man sich die Heimat der Ursprungsarten ansehen. Die Mehrzahl der Pflanzen, die für die Züchtung verwendet wurden, stammt aus der Himalaya-Region, wo die Pflanzen als Epiphyten in den Astgabeln der Bäume wachsen. Brechen die Äste ab und fallen zu Boden, kann sich die Pflanze daran anpassen und terrestrisch weiterwachsen. In den großen Höhenlagen der Bergregionen leben sie in gedämpftem Sonnenlicht und mit einer ausgeprägten Temperaturdifferenz zwischen Tag und Nacht, da es nachts empfindlich kalt wird und sogar manchmal Minusgrade vorherrschen. Wegen der Höhenlage tolerieren die Pflanzen auch tiefere Temperaturen, was aber in Kultur nicht immer der Fall ist.

In vielen Regionen der Welt, z.B. in Kalifornien, Teilen von Australien, Neuseeland und vielen afrikanischen Ländern, können Cymbidien als Gartenpflanzen oder im Schattenhaus kultiviert werden. In Europa allerdings und den kühleren Regionen von Amerika ist der ideale Standort für diese Pflanzen ein Gewächshaus oder ein Wintergarten, wo sie sich über viel Licht und viel

OBEN
Dieser Klon der beliebten, duftenden Hybride *Cym.* Summer Pearl 'Sonya' gehört zu den Mini-Cymbidien. Diese Hybride zeigt ein breites Spektrum an Farben und blüht bis in den Sommer hinein.

LINKS
Die dunkler überhauchten Blütenblätter der lieblichen Hybride *Cym.* Valley Splash 'Awesome' zeigen ein ungewöhnliches Farbmuster, das in seiner Zartheit an ein Aquarell erinnert. An einem aufrechten Blütenstand zeigen sich bis zu zwölf wachsartige Blüten, die Sie im Winter für acht bis zehn Wochen erfreuen.

OBEN
Ausgehend vom duftenden *Cymbidium grandiflorum* wurden viele der modernen grünen *Cymbidium*-Hybriden gezüchtet. Dieser winterblühende Klon von *Cym.* Valley Blush 'Magnificans' ist ein Beispiel der hervorragenden australischen Zuchtrichtung, die weltweit vermarktet wird.

Frischluft freuen können. Dies ahmt ihre natürlichen Bedingungen am besten nach. Im Frühjahr sollte man das Gewächshaus mit einer Schattierung versehen, um ein Überhitzen zu verhindern. Außerdem vermeidet man so Verbrennungen an den Blättern. Die Schattierung sollte den Sommer über belassen und erst im späten Herbst entfernt werden, um den Pflanzen dann so viel Licht wie möglich zu geben. Ist ein Umtopfen notwendig, sollte man dies im Frühjahr tun, bevor das Wachstum beginnt. Der Pflanzstoff (siehe Seite 200) sollte durchlässig und dauerhaft sein, damit die schnell wachsenden Wurzeln bis zum Topfboden gelangen können. Dies lässt sich kontrollieren, wenn man die Pflanze nach etwa sechs Wochen aus dem Topf nimmt und das Wurzelwachstum beobachtet. Sind die Wurzeln nur an der Oberfläche zu finden, ist dieser Pflanzstoff ungeeignet. Dann müssen Sie die Pflanze erneut umtopfen und dabei einen gröberen Pflanzstoff verwenden. Nach dem Umtopfen sollte man die Pflanzen gleichmäßig feucht halten, um das Wurzelwachstum anzuregen. Der neue Trieb wächst vom Frühjahr bis in den Sommer hinein, später zeigt sich an seiner Basis der Blütenstand. Die frühen Monate im Frühling und Sommer sind besonders wichtig für die Blüte.

Wenn der Blütenstand an der Basis der Pseudobulben sichtbar wird, dauert es nicht lange, bis er seine volle Höhe erreicht hat. Sobald er sich zeigt, sollte man dicht daneben einen Bambusstab in den Pflanzstoff stecken, nahe an der Pseudobulbe, aber ausreichend weit vom Rand entfernt, wo sich die meisten Wurzeln befinden. An diesem Stab kann man später den Blütenstand anbinden. Wird der Blütenstand nicht gestützt, wächst er oft im rechten Winkel und die Blüten präsentieren sich nicht besonders gut. Außerdem besteht die Gefahr, dass man sie aus Versehen abbricht.

In den späteren Monaten des Jahres nehmen Temperatur und Lichtmenge stark ab. Dann wird eine künstliche Beheizung notwendig, um die optimalen Temperaturen zu erreichen, die nachts bei etwa 10 °C liegen und tagsüber um 3–4 °C ansteigen sollten. Bei längeren Schlechtwetterperioden kann es sein, dass die Pflanzen ihre Knospen abwerfen, da sich dann Lichtmenge und Temperatur nicht mehr in der richtigen Balance befinden. Auch zu hohe oder zu niedrige Temp-eraturen können dazu führen, dass die Knospen gelb werden und abfallen.

Besonders kritisch ist hier der Zeitpunkt kurz vor dem Öffnen der Blüten, wenn die Bildung der Blütenfarbstoffe eine besondere Versorgung verlangt.

Man kann nur wenig gegen den Lichtmangel tun, außer dafür zu sorgen, dass Helligkeit und Temperatur ausgewogen sind. Der Schlüssel liegt im Gleichgewicht von Licht, Temperatur und Luftfeuchtigkeit. Nicht immer ist eine künstliche Beleuchtung notwendig, aber sie kann besonders im Gewächshaus oder bei der Kultur im Haus hilfreich sein. Cymbidien, die im Gewächshaus kultiviert werden, kann man ins Wohnzimmer holen, um die Blütenpracht zu genießen. Warten Sie damit aber, bis sich die Blüten geöffnet haben, um ein Abfallen der Knospen zu vermeiden.

Bei neu gekauften Cymbidien sollte man nicht überrascht sein, wenn die Blüten auch zu ungewöhnlichen Zeiten im Jahr erscheinen. Manchmal werden Pflanzen so kultiviert, dass sie zu einem bestimmten Zeitpunkt, z.B. zu Ostern oder zum Muttertag, ihre Blütenpracht entfalten. Dies führt allerdings häufig zu Störungen im Wachstumsrhythmus. Hier helfen nur Geduld und ein Blick für die Details der Kultur. Werden die Pflanzen das ganze Jahr über im Haus kultiviert, wo Licht und Temperatur relativ konstant bleiben, ist es unwahrscheinlich, dass die Pflanzen wieder zur Blüte kommen. Daher ist *Cymbidium* nicht für die ganzjährige Zimmerkultur geeignet.

Um mit *Cymbidium* Erfolg zu haben, sollte man die Pflanzen im Frühjahr nach den Nachtfrösten nach draußen bringen, wo sie sich an einem schattigen Ort im Garten kultivieren lassen. Nach und nach kann man sie an mehr Sonnenlicht gewöhnen, bis sie genügend abgehärtet sind, um Morgen- oder Abendsonne zu vertragen. Mittags sollten sie aber immer im Schatten stehen, damit die Blätter nicht verbrennen. Meiden Sie einen Standort, an dem die Pflanzen nur wenig Licht bekommen. Ideal ist ein Standort unter Bäumen, die vor allem mittags Schatten spenden. Dies entspricht auch den Bedingungen am Naturstandort. Die kühleren Nächte und die Wärme am Tag verhelfen den Pflanzen zu einem kräftigeren Wuchs und spielen eine wichtige Rolle bei der Induktion der Blüten. Fallen die Nachttemperaturen wieder, sollten Sie die Pflanzen ab Oktober nach drinnen holen, bevor Frostgefahr besteht.

Stehen Cymbidien im Garten, sollte man ein Auge auf die Bewässerung haben. Sind die Pflanzen Sonne und Wind ausgesetzt, können sie sehr schnell austrocknen, während sie bei längeren Regenperioden zu nass stehen können. In diesem Fall mag es notwendig sein, die Pflanzen mit einer Folie vor weiterem Regen zu schützen. Düngen Sie die Pflanzen bei jedem zweiten Gießen leicht. Kommen die Pflanzen wieder nach drinnen, sollte man die Blätter reinigen und die abgestorbenen Hüllblätter von den Pseudobulben entfernen. Untersuchen Sie außerdem den Pflanzstoff auf Insekten, um sich keine ungebetenen Gäste ins Haus zu holen. Dazu kann man die Pflanzen auch für eine Stunde in einen Eimer mit Wasser stellen, sodass sie ganz untergetaucht sind. Der Standort im Inneren sollte möglichst hell sein. Ideal ist ein ungeheizter Wintergarten, bis auch dort die Nachttemperaturen zu niedrig werden. Öffnen sich die Knospen, können Sie die Pflanzen ins Zimmer holen, wo sie bleiben, bis die ersten Blüten welken. Dann sollte man den Blütenstand etwa 2,5 cm oberhalb der Pseudobulben abschneiden. Geben Sie diesen Pflanzen im Sommer einen hellen, aber nicht sonnigen Standort und stellen Sie sie im Winter so hell wie möglich. In dieser Jahreszeit benötigen sie auch weniger Wasser.

OBEN
Das hübsche Farbmuster, das dieses *Cymbidium* Mini Splash 'Fantasy' zeigt, ist das Resultat eines Zuchtprogramms, das bis in die frühen Jahre der Züchtung Anfang des 20. Jahrhunderts zurückgeht.

Die *Odontoglossum*-Gruppe

Odontoglossum und die zahlreichen verwandten Gattungen, mit denen sie gekreuzt wurden, sind sehr dekorativ und teilweise leicht zu kultivieren. Die Orchideenliebhaber der Viktorianischen Zeit bezeichneten sie wegen ihrer zarten Blüten als Königin der Orchideen. Als man Gefallen an ihnen fand, begann eine rege züchterische Tätigkeit. *Odontoglossum* wurde mit vielen Gattungen, z.B. *Cochlioda*, *Miltonia*, *Miltoniopsis* oder *Oncidium*, gekreuzt, wobei zahlreiche neue Mehrgattungshybriden entstanden. Sie alle werden in der *Odontoglossum*-Gruppe zusammengefasst. Viele Arten, die ursprünglich als *Odontoglossum* klassifiziert wurden, sind inzwischen botanisch abgetrennt und bilden eigene Gattungen. Die ganze Gruppe befindet sich im Moment in einer Art Revision.

Odontoglossen sind immergrüne Pflanzen, die grüne Pseudobulben bilden, die jeweils ein Paar flexibler, mittelgrüner Blätter tragen. Die Blütenstände bilden sich an der Basis der führenden Pseudobulben und tragen fünf bis buchstäblich hundert oder mehr exquisite, langlebige Blüten, die zu fast jeder Jahreszeit entstehen können. Die modernen, hochkomplexen Hybriden dieser großen Gruppe sind sehr vielgestaltig und auf aufregende Weise anders als die meisten anderen Orchideen. Die Blüte eines *Odontoglossum* kann einfarbig oder sehr dekorativ gemustert sein. Außer Grün und Blau gibt es fast keine Farbe, die in dieser Gruppe nicht vertreten ist. Hauptsächlich findet man aber außergewöhnliche rote Töne, Gelb und Weiß. Dieses breite Farbspektrum ist das Ergebnis einer langen Züchtung während der letzten 200 Jahre.

Kultur

Obwohl es ein sehr breites Spektrum an aufregenden Hybriden gibt, existieren in der freien Natur nur noch wenige der Arten. Das ist eine direkte Folge der Übersammlung, die ungehemmt bis etwa 1915 erfolgte. Während die Naturformen sehr selten geworden sind und heute als Sammelobjekte für Spezialisten gelten, werden die besten der *Odontoglossum*-Hybriden aus Massenproduktion weltweit im Handel verkauft. Ihre Kultur ist der der *Miltoniopsis* sehr ähnlich (siehe Seite 34). Sie benötigen ganzjährig eine gleichmäßige Feuchtigkeit und einen kühlen, schattigen Standort. Die Nachttemperaturen sollten bei etwa 10 °C liegen, tagsüber sollten die Temperaturen nicht über 24 °C ansteigen. Die ideale Größe für die Töpfe liegt bei 10 cm.

OBEN
Die Einzelblüte der Mehrgattungshybride *Odonchlopsis* Bert White × *Odontocidium* Goldhausen zeigt in ihrem Zentrum ein feuriges Rot. Die Farbe erstreckt sich gleichmäßig über alle Blütenblätter und über die Lippen, mit einer leichten weißen Fleckung im Zentrum der Blüte.

LINKS
Odontioda Aviewood zeigt die poetische Schönheit einer reinweißen Blüte mit einem gelegentlichen Schönheitsfleck und Schmuck auf der Lippe.

RECHTS
Die exquisit gemusterte *Odontioda* Quedlinburg zeigt in ihren primelgelben, rötlich gezeichneten Blüten eindeutig den Einfluss der *Odontoglossum*-Eltern.

Oncidium

Dies ist die bei Weitem größte Gattung der *Odontoglossum*-Gruppe. Es gibt hier auch sehr viel mehr Variationen, die aber überraschenderweise nur selten in größerer Zahl kultiviert werden. Diese epiphytischen Pflanzen sind in ganz Südamerika sehr weit verbreitet, und man findet sie bis hinauf nach Mexiko und Florida und auf den zahlreichen Westindischen Inseln.

Oncidien sind sehr variabel in ihrer Gestalt und besiedeln sehr unterschiedliche Lebensräume. Es gibt Pflanzen mit grünen Pseudobulben, die stark an *Odontoglossum* erinnern, aber lange Blütenstände entwickeln, deren Blüten seltsam geformt sind und von der großen Lippe dominiert werden. Ihr Erscheinungsbild ist sehr dekorativ. Die Blüten sind überwiegend goldgelb mit leichten herbstlichen Brauntönen. Eine andere sehr bekannte Gruppe sind die Eselsohr-Oncidien, deren steife, aufrechte Blätter meist einzeln stehen und von kleinen, kaum erkennbaren Pseudobulben getragen werden. Die großen, aufrechten Blütenstände tragen helle sonnengelbe Blüten, die vor allem das obere Ende des Stängels schmücken. Die Größe dieser Oncidien reicht von wenigen Zentimetern bis zu 30 cm Blattlänge, und die Blütenstände können mehr als 1 m lang werden.

Die schönsten *Oncidium*-Hybriden stammen von den mexikanischen Arten wie *Oncidium tigrinum* oder *Oncidium incurvum* ab, die echte Pseudobulben besitzen und sich gut mit den Odontoglossen aus der Andenregion kreuzen lassen. Die Hybriden, die Odontocidien, zeigen besonders lebhafte Farben und fein ziselierte Blüten. Mit ihrem schnellen Wachstum und ihrer kräftigen Konstitution erinnern sie an die großen *Odontoglossum*-Arten. Ihre Blütenstände sind lang und manchmal verzweigt. Die kräftig gefärbten Blüten zeigen Variationen von kräftigem Mahagoni oder Violett, leuchtendem Gelb oder getigertem Braun. Ihr Erscheinungsbild wird von der großen, gelben Lippe geprägt. Diese Mehrgattungshybriden sind besonders empfehlenswert, da sie kräftig und außergewöhnlich schön sind und sowohl kühlere Bedingungen als auch Wärme tolerieren. Sie fühlen sich sowohl im Haus als auch im Gewächshaus wohl, wo sie das ganze Jahr hindurch von ausreichend Licht und reichlich Wasser mit guter Düngung profitieren. In gemäßigten Regionen kann man sie im Sommer im Garten halten, wo sie kräftigere neue Triebe produzieren und leichter zur Blüte kommen.

Kultur

Oncidien wachsen wie die meisten anderen Hybriden der *Odontoglossum*-Gruppe in einem neun oder zehn Monate währenden Zyklus. In dieser Zeit bildet die Pflanze neue Pseudobulben, danach Blüten, worauf im Anschluss der Trieb des nächsten Jahres zu wachsen beginnt. Müssen Sie die Pflanze umtopfen, sollte dies geschehen, wenn sich der neue Trieb gerade zu zeigen beginnt. Dabei sollte man die kältesten und die heißesten Monate des Jahres vermeiden, sondern das Frühjahr nutzen. Ein Umtopfen direkt nach der Blüte kann dazu führen, dass die Pseudobulben einschrumpfen. Auf diese Weise würde sich das Wachstum des neuen Triebes verzögern. Warten Sie also, bis sich der neue Trieb deutlich zeigt, aber noch keine Wurzeln gebildet hat. Diese Wurzeln sind sehr fein, weiß und besitzen grüne Spitzen. Da sie ein sehr ausgedehntes System im Topf bilden, sollte der Pflanzenstoff offen und gut

RECHTS
Mit seinen kompakten, kurzen Blättern und den zahlreichen delikat duftenden Blüten ist dieses *Oncidium* Twinkle eine sehr hübsche kleine Primärhybride. Der überhängende Blütenstand ist dicht mit Hunderten von kleinen, zarten Blüten besetzt.

durchlässig sein. Ein feiner Rindenpflanzstoff hat sich als gut geeignet erwiesen. Pflanzen mit sehr hohen Blütenständen sollte man mit einem Bambusstab unterstützen, damit sich der Blütenstand gut präsentiert. Dieser Stab sollte bis zu den untersten Knospen reichen, damit sich der Blütenstand natürlich neigen kann. Im Winter sollten die Temperaturen bei etwa 10 °C liegen. Viel frische Luft und kühle Sommertage gefallen diesen Pflanzen aus großen Höhenlagen sehr gut. Die Temperaturen sollten tagsüber 24 °C nicht wesentlich übersteigen, was sich bei einer Kultur im Haus leichter realisieren lässt als im Gewächshaus. In wärmeren Gegenden ist eine Schattierkonstruktion, die von allen Seiten frische Luft an die Pflanzen gelangen lässt, eine gute Idee. Für alle Pflanzen der *Odontoglossum*-Gruppe gilt, dass frische Luft ein wesentlicher Bestandteil der erfolgreichen Kultur ist. Halten Sie die Pflanzen mit wenigen Ausnahmen das ganze Jahr über gleichmäßig feucht.

Miltoniopsis

Die wunderschönen Stiefmütterchenorchideen sind wegen ihrer großen Blüten besonders beliebt. Sie erinnern an die hübschen Gesichter übergroßer Veilchenblüten. Bevor sie botanisch abgespalten wurden, klassifizierte man sie als *Odontoglossum*. Die verschiedenen Arten sind einander im Wuchs sehr ähnlich und stammen aus der Andenregion von Kolumbien, Peru und Ecuador. Die beliebtesten Arten kommen aus Kolumbien. Ihre Blüten zeigen Pastelltöne von Rot über Zartrosa bis hin zu reinem Weiß.

Es gibt einige verwandte Arten aus anderen Regionen, die jedoch der Gattung *Miltonia* zugeordnet werden. Sie haben meist kleinere Blüten, die aber mit größerer Eleganz an viel längeren Blütenständen stehen.

Miltoniopsis zeigen ihre Blüten hauptsächlich zu zwei Jahreszeiten: im Frühsommer und im späten Herbst. Sie blühen sehr reich und bilden normalerweise zwei oder drei Blütenstände an einer Pseudobulbe, wobei jeder bis zu sechs Blüten tragen kann. Besonders ansehnlich ist die prächtig gefärbte Lippe, die eine Art Maske trägt, die auffällig mit dem Rest der Blüte kontrastiert. Das Farbspektrum reicht von jungfräulichem Weiß, Primelgelb und zartestem Rosa bis hin zu den tiefsten Tönen von dunklem Rot, Purpur oder Aubergine.

Die zauberhaft gefärbten Blüten verbreiten einen zarten Duft, der an warmen Tagen das ganze Haus erfüllen kann. Während viele Odontoglossen lange Zeit als Schnittblumen verwendet wurden, halten sich *Miltoniopsis*-Blüten leider nicht sehr gut in der Vase. An der Pflanze können sie aber bis zu sechs Wochen lang für Freude sorgen.

Kultur

Miltoniopsis sind sowohl im Haus als auch im Gewächshaus ein wundervoller Anblick. Ihr Blattwerk ist weicher als das der *Odontoglossum*-Arten und hat ein helleres Grün. Zu viel Licht lässt die Blätter blass und ungesund aussehen, sodass die Pflanzen ideal für die Kultur an einem nicht zu hellen Fenster sind. Ein kühler, schattiger Standort mit ausreichender Luftfeuchtigkeit ist optimal. Hier kann eine mit Kieselsteinen und Wasser gefüllte Schale helfen, ein entsprechendes Klima für diese Pflanzen zu schaffen. Halten Sie die Pflanzen das ganze Jahr hindurch gleichmäßig feucht und geben Sie ihnen im Sommer etwas Dünger. Es besteht immer die Gefahr, dass die Pflanzen zu nass stehen.

RECHTS
Miloniopsis St. Helier 'Plum' stammt aus der Zuchtlinie der Eric Young Foundation auf Jersey. Sie zeigt die typischen, kräftigen Farbmuster mit der schmetterlingsartigen Maske in der Mitte der Blüte.

Vermeiden Sie daher unbedingt Staunässe. Häufig beobachtet man bei diesen Pflanzen, dass sich die Blätter nicht gut entfalten, sondern ziehharmonikaartig wachsen. Ursache hierfür ist meist eine zu niedrige Luftfeuchtigkeit oder ein Schaden, der durch zu viel oder zu wenig Wasser an den Wurzeln entstanden ist. Das delikate Blattwerk neigt dazu, Flecken zu bekommen. Deshalb sollte man die Pflanzen nicht besprühen. Es ist immer besser, Blätter und Blüten eher trocken zu halten. Setzen Sie die Pflanzen beim Umtopfen niemals in einen zu großen Topf, da dies leicht dazu führt, dass der Pflanzstoff nicht genügend abtrocknet und zu feucht bleibt. Man sollte die Pflanzen ihrem Wachstumsrhythmus entsprechend alle ein bis zwei Jahre umtopfen. Gegebenenfalls nimmt man die Pflanze und setzt den Wurzelballen in einen größeren Topf, ohne den alten Pflanzstoff zu entfernen, und füllt nur neuen Pflanzstoff auf. Der alte Pflanzstoff sollte nur dann vollständig entfernt werden, wenn er sich zersetzt hat und die Wurzeln abzusterben beginnen. Das Wurzelsystem ist sehr empfindlich und sollte so wenig wie möglich gestört werden.

Obwohl *Miltoniopsis* als kühl wachsende Orchideen gelten, sind sie auch wärmeren Bedingungen gegenüber sehr tolerant. Zu niedrige Temperaturen können ihnen jedoch sehr schaden, und man sollte sie beispielsweise nicht zusammen mit Cymbidien kultivieren, da diese erheblich niedrigere Temperaturen benötigen. Längere Perioden mit zu niedriger Temperatur bei gleichzeitiger zu hoher Feuchtigkeit führen schnell zum Tod der Pflanzen. Daher man sollte sie lieber etwas wärmer kultivieren. Sie sind sehr gut für eine Kultur im Haus geeignet. Ideal sind Temperaturen zwischen 12 und etwa 24 °C, wobei man sie niemals dem direkten Sonnenlicht aussetzen sollte.

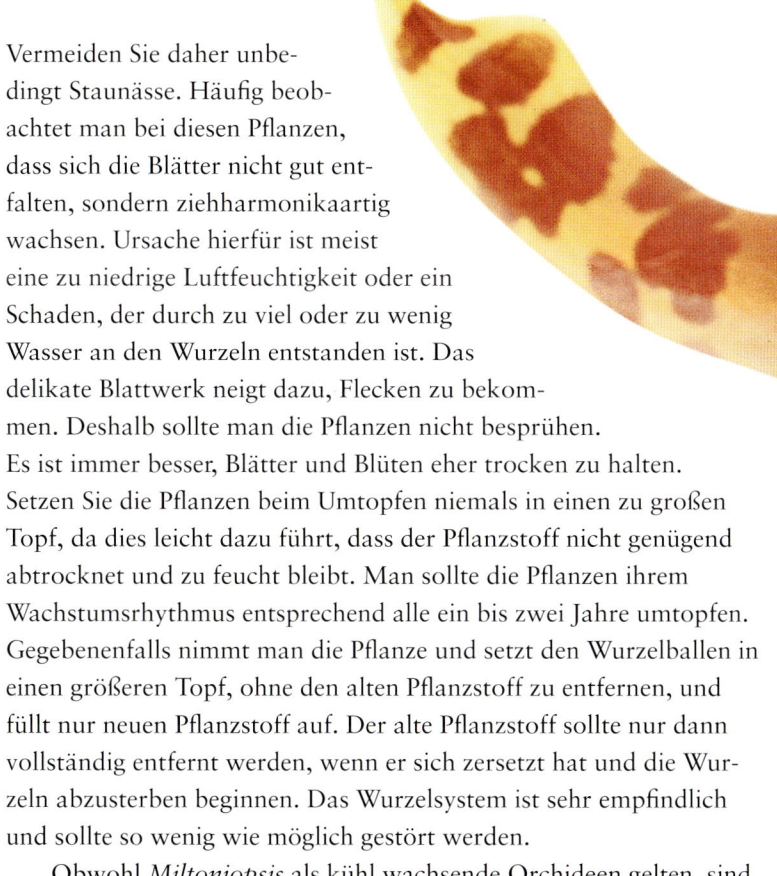

OBEN
Miltonia clowesii stammt aus Zentralamerika und gehört zu einer kleinen Gattung, die einst zu *Odontoglossum* gezählt wurde, aber heute davon getrennt ist. Die Pflanzen sind miteinander verwandt, und es gibt einige Mehrgattungshybriden mit dieser Gattung.

Coelogyne und Prosthechea

Diese charmanten Orchideen sind ideal geeignet, im Haus kultiviert zu werden, da sie sich auch an eine Büroumgebung leicht anpassen können, lange haltbare Blüten zeigen und einen angenehmen Duft besitzen. Diese speziellen Gattungen sind hier, abgesehen von den wärmer zu kultivieren *Coelogyne*-Arten, wegen ihrer ähnlichen Kultur zusammengefasst. Sie besitzen ähnliche Wuchseigenschaften, eine ähnliche Größe und sind beide sehr anpassungsfähig. Nach neueren Forschungsergebnissen werden viele Arten, die früher der Gattung *Encyclia* zugeordnet wurden, heute als *Prosthechea* geführt.

Die kühler zu kultivierenden Coelogynen stammen aus einer Region von China über Indien bis nach Neuguinea, wobei viele auf kleinen Inselchen vorkommen. Andere Arten benötigen mehr Wärme und sind auf Borneo und in Malaysia zu Hause. *Prosthechea* stammt aus der Neuen Welt und werden meist in Mexiko und auf den Westindischen Inseln gefunden. Auch sie gedeihen gut bei etwas niedrigeren Temperaturen.

Alle Coelogynen und Prosthecheas bilden kompakte, immergrüne Pflanzen mit feinen Wurzeln, die am besten im Topf kultiviert werden. Ihre Pseudobulben sind meist rund, oval oder wie bei einigen Prosthecheas länglich und dünn. Sie besitzen jeweils ein Blattpaar an der Spitze der Pseudobulben, wo auch mit wenigen Ausnahmen der Blütenstand entspringt. Bei den Coelogynen stehen die Pseudobulben häufig dicht beieinander, wodurch die Pflanzen sehr kompakt wirken. Unter den temperiert zu pflegenden Coelogynen gibt es einige wunderschöne immergrüne Pflanzen, deren ei- bis kegelförmige Pseudobulben jeweils zwei bis zu 60 cm lange, gefaltete Blätter tragen. Die Blütezeit erstreckt sich vom frühen Frühjahr über den Sommer bis in den Herbst hinein. Die zauberhaften Blüten duften oft süß, halten sehr lange und sind überwiegend weiß, cremefarben, gelb, hellbraun, grün und orange-rot gefärbt.

Manche Prosthecheas besitzen Blüten, deren Lippen nach oben weisen, bei allen Coelogynen zeigt die Lippe nach unten. Innerhalb dieser beiden Gattungen gibt es nur sehr wenige Hybriden. Die Arten sind aber sehr wüchsig und lassen sich leicht vermehren. Viele Exemplare befinden sich seit der Zeit ihrer Entdeckung vor über 100 Jahren in Kultur.

Kultur

Beide, *Coelogyne* und *Prosthechea*, benötigen während des Winters eine Ruhezeit von mehreren Wochen, bevor im zeitigen Frühjahr der neue Austrieb beginnt. In dieser Zeit sollte man die Pflanzen trocken halten und mit dem Gießen erst dann beginnen, wenn sich der neue Trieb an der Basis der alten Pseudobulbe zeigt. Bei einigen im Frühjahr blühenden Coelogynen entspringt der Blütenstand der Mitte des gerade wachsenden neuen Triebes. Prosthecheas bilden ihren Blütenstand erst, wenn der neue Trieb ausgewachsen ist. Dann erscheint er im Frühsommer aus der Spitze der Bulbe zwischen den Blättern. Halten Sie die Pflanzen während der Wachstumszeit gleichmäßig feucht und düngen Sie sie regelmäßig leicht bei jedem zweiten oder dritten Gießen. Bei Coelogynen schrumpfen die alten Pseudobulben häufig, da der junge Trieb seine Nährstoffe und seine Kraft aus ihnen zieht. Manchmal lässt sich das Schrumpfen durch leichtes Über-

OBEN
Prosthechea Sunburst ist eine ideale Pflanze für die Fensterbank. Sie ist sehr kompakt und blühfreudig. Die Blüten öffnen sich im Sommer, wenn die Pseudobulben ausgereift sind. Im Winter braucht sie eine Ruhezeit.

RECHTS
Mit den großen weißen Blüten ist *Coelogyne cristata* eine der am häufigsten kultivierten Naturformen unter den Orchideen. Die meisten Pflanzen stammen von indischen Importen aus dem Jahre 1822 ab.

sprühen verhindern. Im Sommer sollte man ganz leicht schattieren und im Herbst die Helligkeit nach und nach erhöhen, damit die Pflanzen im Winter das volle Licht genießen können. Zu Beginn der Ruhezeit sollten die Pflanzen kräftige, pralle Pseudobulben besitzen, die genügend Wasser enthalten, damit man die Pflanze nur wenig gießen muss. Gießen Sie im Winter nur dann, wenn die Pseudobulben zu schrumpfen beginnen.

Ein auf Rinde basierendes Substrat ist für diese Pflanzen sehr gut geeignet. Beide Gattungen lassen sich sowohl in Töpfen als auch in Lattenkörben gut kultivieren. Sie bilden schnell große Solitäre, wenn man ihnen den Raum dazu bietet. Sie vertragen Temperaturen zwischen 10 und 30 °C. Die wärmeliebenden Coelogynen eignen sich sehr gut für ein Gewächshaus mit einer Minimumtemperatur von etwa 13 °C, das auch genügend Platz für ihre großen Blätter bietet. Diese Pflanzen benötigen im Frühjahr und im Sommer eine gleichmäßige Feuchtigkeit sowie leichten Schatten. Ihr neuer Trieb braucht die ganze Saison für seine Entwicklung. Während der Ruhezeit reift er aus und treibt im Frühjahr neu aus.

Dendrobium

Dendrobium ist eine immens große Gattung mit einem sehr ausgedehnten Verbreitungsgebiet, das sich über ganz Asien von China über das gesamte Festland bis zu den Philippinen, Neuguinea und Borneo sowie Australien und Neuseeland erstreckt. Bei einer so großen Verbreitung haben sich natürlich viele unterschiedliche Arten entwickelt, die sich an fast jedes Klima angepasst haben. Einige von ihnen sind sehr populäre Topfpflanzen geworden, aus denen viele Hybriden gezüchtet wurden. Aber auch andere weniger verbreitete Arten sind sehr interessant.

Die Dendrobien des *nobile*-Typs

Dendrobium nobile ist eine sehr hübsche Naturform aus der Himalaya-Region, die seit über 100 Jahren sehr beliebt ist. Heute wird sie häufig von den zahlreichen Hybriden übertroffen, die in einer großen Farben- und Formenvielfalt erhältlich sind.

Diese Pflanzen bilden schlanke, knotige Pseudobulben, die häufig Stämme genannt werden. Manchmal werden sie daher auch als Bambusorchideen bezeichnet. Sie werden 30 cm und höher und besitzen kurze, ovale, flexible Blätter, die am ganzen Stamm entlang wechselständig stehen. Die Blüten entspringen meist aus einem dem Blatt gegenüberliegenden Knoten. Die Blütenstände sind sehr kurz und tragen meist zwei bis drei Einzelblüten. Die dekorativen Blüten sind charakteristisch gerundet, die Sepalen und Petalen oft leicht gewölbt und die Lippe meist kreisförmig. Ihre Färbung ist eine Kombination aus Weiß, Gelb, Rosa und Violett, häufig mit einem großen, auffälligen braunen Fleck auf der Lippe. Die häufig gekräuselten Ränder der Blütenblätter geben den Blüten ein sehr spezielles Aussehen.

Kultur

Die Wachstumszeit dieser Dendrobien-Gruppe liegt im Sommer. Im Winter benötigen die Pflanzen eine ausgeprägte Ruhezeit. Ihre Kultur stellt bestimmte Ansprüche, ist aber sehr lohnend, da die Blüten im Früh-jahr über mehrere Wochen die ganze Pflanze überdecken können. Der neue Trieb zeigt sich sehr früh im Jahr, häufig noch während die jungen Knospen sich entwickeln. Die Auslöser sind meist die steigenden Temperaturen und die länger werdenden Tage. Beginnen Sie mit dem Gießen erst dann, wenn sich die Knospen sehr weit entwickelt haben. Von da an sollte man die Pflanzen jedoch sehr regelmäßig gießen und düngen. In dieser Zeit sollte die Pflanze niemals ganz austrocknen, bis das Wachstum abgeschlossen ist. Der neue Trieb wächst sehr rasch und bildet auch schnell ein ausgedehntes Wurzelsystem. Gleichzeitig entwickeln sich auch die Knospen, und die Blüten öffnen sich fast alle zur gleichen Zeit entlang der alten Pseudobulben. Häufig geschieht dies über Jahre hinweg aus bislang unentwickelten Vegetationspunkten. Nach der Blüte stellt man die Pflanze sehr hell, setzt sie aber nicht der direkten Sonne aus. In gemäßigteren Regionen lassen sich die Pflanzen den Sommer über zusammen mit Cymbidien sehr gut im Garten kultivieren. Dies führt häufig zu kräftigeren Trieben, die im nächsten Jahr umso besser blühen. Pflanzen, die im Gewächshaus stehen, sollten dort bleiben, da sie von hohen Temperaturen von bis zu 30 °C profitieren. Übersprühen Sie diese Pflanzen regelmäßig, damit sie nicht austrocknen, und halten Sie den Wurzelballen gleichmäßig feucht.

OBEN
Prima Donna ist eine *Dendrobium-nobile*-Hybride mit königlichen Blüten. Die indischen Arten hatten einen dramatischen Einfluss auf die aus ihnen gezüchteten Pflanzen. Dieser zeigt sich in der runden Form und der intensivierten Färbung der Blüten.

UNTEN
Dendrobium Siam Jewel ist eine extrem beliebte, warm zu kultivierende *Dendrobium*-Hybride. Es gibt sie in zahlreichen Variationen von reinem Weiß über Rosa bis hin zu tiefem Violett. Sie geht auf australische Arten zurück (siehe Seite 136).

Diese schnell wachsenden Orchideen werden ihr Wachstum binnen fünf Monaten abschließen, während andere Orchideen dafür oft doppelt so lange benötigen. Am Ende des Sommers werden sie lange, ausgereifte Stämme besitzen. Nun sollte man die Pflanzen dem vollem Licht aussetzen und das Gießen langsam so weit reduzieren, bis die Pflanzen zum Winter hin völlig trocken stehen. Sie können nun ruhen, bis der neue Trieb anzeigt, dass die Wachstumszeit erneut beginnt. Während der Ruheperiode sollten die Pseudobulben nicht so weit austrocknen, dass sie schrumpfen. Dann hätten sie zu wenig Wasser, was sich aber durch Eintauchen in einen Eimer mit Wasser leicht beheben lässt. Ein Schrumpfen kann auch bedeuten, dass die Pflanze im vergangenen Sommer nicht genügend gegossen wurde. Gießt man aber im Winter zu viel, bilden die Pflanzen keine Blüten. Beginnen Sie im Frühjahr zu früh mit dem Gießen, bekommen Sie keine Knospen, sondern junge Pflanzen an den Knoten des Stammes, sogenannte Kindel oder Keikis. Auf diese Weise lässt sich die Pflanze zwar vegetativ vermehren, das entschädigt aber nicht für die entgangenen Blüten. Im Winter reichen Temperaturen von mindestens 10 °C in der Nacht aus. Stellen Sie die Pflanzen hell

OBEN
Die goldgelben Blütenblätter und die dunkelviolette Lippe von *Dendrobium* Thongchai Gold erzeugen einen atemberaubenden Kontrast. Hybriden wie diese wurden möglich, indem man streng selektierte Arten aus Australien und Neuguinea in besonderen Zuchtprogrammen miteinander kreuzte.

und möglichst nah ans Fenster, damit sie so viel natürliches Licht wie möglich erhalten. Bei besonders hochwüchsigen Hybriden kann es notwendig sein, die Pflanzen zu stützen, da sie ansonsten leicht kopflastig werden und umfallen können. Wählen Sie die Töpfe so klein wie möglich. Häufig neigt man dazu, die Pflanzen in zu großen Töpfen zu kultivieren, damit sie nicht so leicht umfallen. Dann besteht aber die Gefahr, dass der Pflanzstoff nicht genügend austrocknet und die Wurzeln geschädigt werden. Wird eine Pflanze kopflastig, sollte man den Topf besser in einen standfesten Behälter stellen.

Der richtige Zeitpunkt und die Art des Umtopfens sind für diese Pflanzen besonders wichtig. Ein häufiger Fehler besteht darin, die Pflanzen zu tief zu topfen. Die Basis der Pseudobulben muss immer frei bleiben, damit sich der neue Trieb gut entwickeln kann. Nach dem Umtopfen sollte man die Pflanzen durch einen Bambusstab stützen, damit sich die Wurzeln in aller Ruhe entwickeln können. Am besten topft man die Pflanzen direkt nach der Blüte um. Diese Dendrobien mögen es nicht, geteilt zu werden, sodass man die Pflanzen besser intakt lässt. Ist der alte Pflanzstoff noch in Ordnung, können

Sie den ganzen Wurzelballen in einen größeren Topf stellen und frisches Substrat auffüllen. Die alten, blattlosen Stämme eignen sich für die vegetative Vermehrung (siehe Seite 217). Typisch für diese Art Dendrobien ist es, nach dem Ausreifen der Pseudobulben die Blätter abzuwerfen, was häufig dramatisch aussieht, aber ganz natürlich ist.

Andere *Dendrobium*-Typen

Es gibt eine kleine, aber nicht weniger bezaubernde Gruppe von Dendrobien, die sich durch eine leichte schwarze Behaarung der Pseudobulben auszeichnet. Die bekannteste Pflanze dieses Typus ist *Dendrobium infundibulum*. Die Pseudobulben sind hochgewachsen und schlank, die Blätter dunkelgrün und die Blüten erscheinen im Frühling an der oberen Hälfte der Pseudobulben. Die Pflanze stammt aus Indien, Burma und Thailand und gedeiht unter den gleichen Bedingungen wie *Dendrobium nobile*. Die großen, sehr ansehnlichen Blüten können einen Durchmesser bis zu 8 cm erreichen, sind reinweiß, weich und papierartig und besitzen ein tiefgelbes Zentrum in der Lippe. Diese Dendrobien benötigen weniger Helligkeit und sind damit auch für die Kultur im Haus geeignet.

Darüber hinaus gibt es eine große Zahl anderer Dendrobien aus Indien, die zum Teil sehr unterschiedliche Blüten und unterschiedliche Wuchsformen aufweisen. Sie sind alle leicht an den hochgewachsenen Stämmen zu erkennen, die problemlos 1 m und mehr erreichen können. Sie alle benötigen ähnliche Wachstumsbedingungen mit ausgeprägten Temperaturunterschieden zwischen Sommer und Winter sowie Tag und Nacht. Einst fand man Dendrobien aus Indien recht häufig in Kultur, heute sind sie aber aufgrund der Einfuhrbeschränkungen recht selten geworden. Da sie sich nicht so leicht aus Samen ziehen lassen wie andere Dendrobien, sind sie heute weit weniger verbreitet als die zahlreichen *Dendrobium-nobile*-Hybriden.

Aus dem Norden Australiens sowie aus Neuguinea stammen zahlreiche sehr dekorative und interessante Dendrobien. Einige davon sind nur recht selten in Kultur. Es gibt aber eine Gruppe von Pflanzen, die als *Phalaenopsis*-Typ bezeichnet wird, da ihre Blüten in besonderem Maße an die der Gattung *Phalaenopsis* erinnern. Sie gehen meist auf *Dendrobium bigibbum* zurück. In dieser Gruppe wurden zahlreiche, farbenprächtige Hybriden gezüchtet, die sich leicht in einem temperierten Gewächshaus kultivieren lassen. Dendrobien des *Phalaenopsis*-Typs bilden lange, sehr feste Pseudobulben mit Paaren von dunkelgrünen, steifen Blättern. Sie blühen meist an der oberen Hälfte des Stammes, und der lange Blütenstand trägt ein Dutzend oder mehr schöne, große Blüten. Diese sind gewöhnlich rundlich geformt mit etwa gleich großen Blütenteilen. Die Farben reichen von Weiß über Schattierungen von Hellgelb bis hin zu einem tiefen Purpur. Die Blüten sind meist einfarbig oder hell mit kräftiger gefärbtem Zentrum.

In Kultur benötigen Pflanzen des *Phalaenopsis*-Typs viel Licht, Luftfeuchtigkeit und Wärme. Die Temperaturen sollten im Winter nicht unter 13 °C sinken. Im Frühjahr während der Blütezeit bildet sich auch der neue Trieb. Zu dieser Zeit sollte man viel Wasser geben, regelmäßig düngen und die Wurzeln gleichmäßig feucht halten. Der Topf sollte nicht zu groß sein, ein 10-cm-Topf reicht meist aus. Die Temperaturen können tagsüber bis auf 30 °C ansteigen, wenn die Luftfeuchtigkeit angemessen hoch ist. Diese Orchideen wachsen sehr schnell und schließen ihre Entwicklung in sechs Monaten ab. Wenn sie ihr Wachstum einstellen, sollte man das Gießen reduzieren und die Pflanzen möglichst hell stellen.

Pleione

Diese kleine Gattung ist inzwischen sehr populär geworden. Die bescheidenen, laubabwerfenden Orchideen stammen aus China, der Himalaya-Region Indiens sowie aus Taiwan und Japan. Die Pflanzen gedeihen überwiegend terrestrisch auf mit Moos bewachsenen Steinen und an den Wurzeln von Bäumen. Ihre kleinen, meist konischen Pseudobulben tragen ein einzelnes Blatt, das sie im Winter abwerfen. Die kurzlebigen Pseudobulben erschöpfen sich nach einer Saison und sterben ab. Jede Pseudobulbe bildet im Laufe ihres Wachstums und ihres Ausreifens mehrere neue. Auf diese Weise kann sich die Pflanze relativ rasch ausbreiten. Pflanzt man die Pseudobulben in eine flache Schale, ergeben ihre zahlreichen Blüten im Frühjahr ein wunderschönes Bild. Es gibt aber auch einige im Herbst blühende Arten, deren Wachstumszyklus umgekehrt funktioniert. Ihre Blüten erscheinen aus der Mitte des Neutriebes, während er noch sehr jung ist. Der Blütenstand trägt normalerweise eine, selten zwei Blüten. Diese sind mit 5–8 cm für die Pflanze sehr groß. Das Farbspektrum reicht normalerweise von Rosa und Weiß, selten Gelb, bis hin zu Rot, aber durch Züchtung wurde die Farbpalette wesentlich erweitert. Dunkles Violett erzeugt inzwischen ebenso viel Aufmerksamkeit wie reines Weiß und apricotfarbene Schattierungen. Während die Sepalen und Petalen schmal und länglich sind, ist die Lippe sehr groß und am Rand gefranst. Sie trägt im Inneren Kämme und Haarreihen mit attraktiven Markierungen in dunklen Farben.

OBEN
Pleione Versailles ist eine der zahlreichen im Frühjahr blühenden Hybriden dieser Gattung. Die schmalen Blütenblätter haben eine weiche, glänzende Textur, während die Lippe gefranst ist und in der Mitte ein delikates Flecken- und Streifenmuster zeigt.

Kultur

Weil sich diese Pflanzen sehr leicht vermehren lassen, sind sie weit verbreitet und können im Gartencenter und Blumengeschäften leicht erworben werden. Dort bekommt man sie meist in Form von schlafenden Bulben, die nur noch eingepflanzt werden müssen. Als Substrat eignet sich eine Mischung aus gleichen Teilen Torfersatz und grobem Sand oder Splitt. Zusätzlich kann man etwas Holzkohle hinzufügen. Topfen Sie jedes Jahr um, sobald sich der neue Trieb zeigt und bevor die Blüte beginnt. Entfernen Sie dabei die alten, toten Pseudobulben sowie die toten Wurzeln. Man sollte nur so wenige alte Wurzeln belassen, dass die Pflanze im Topf verankert ist. Die neuen Wurzeln werden sich sehr bald aus der Basis des Neutriebes bilden. Pflanzen Sie die Pseudobulben nicht zu tief ein, sondern achten Sie darauf, dass sie an der Oberfläche des Substrates sitzen. Obwohl es kleine Schalen für einzelne Pflanzen gibt, kann man auch große Schalen verwenden und viele Einzelpflanzen zusammensetzen, denn Pleionen lieben die Gesellschaft ihresgleichen.

Gießen Sie nach dem Umtopfen vorsichtig, damit kein Wasser in die Spitze des neuen Triebes gelangt. Halten Sie die Pflanzen den ganzen Sommer hindurch gleichmäßig feucht und übersprühen Sie die Blätter leicht an sonnigen Tagen. Bei jedem dritten Gießen kann man etwas Dünger hinzufügen. Im Herbst werden sich die Blätter gelb färben und abfallen. Man sollte sie unbedingt entfernen, ebenso die kleinen Bulben, die sich manchmal an der Spitze der älteren Bulben bilden. Diese Bulbillen können in einer Papiertüte kühl und trocken gelagert werden, um sie im nächsten Frühjahr auszupflanzen. Der Winter ist Ruhezeit, während der die Bulben möglichst trocken und hell gehalten werden sollten, bis sie im Frühjahr wieder Wachstum zeigen. Eine frostfreie Überwinterung bei 5–7 °C ist ideal. In der Wachstumszeit während des Sommers sind sie hohen Temperaturen gegenüber nicht sehr tolerant und müssen nachts etwas kühler gehalten werden. Tagsüber sollte es nicht wärmer als 24 °C werden. Unter guten Bedingungen lassen sich die Pflanzen auch im Garten in ein eigenes Beet auspflanzen oder mit Schale in den Boden einsenken. Ab dem Herbst kommen sie dann wieder ins Gewächshaus oder auf die Fensterbank eines kühlen Zimmers. Am besten sehen sie aus, wenn sie zu mehreren dicht beieinander pflanzt werden.

UNTEN
Mit den weit geöffneten Blütenblättern und der großzügig gefärbten, hübsch mit gelben Streifen und roten Punkten gemusterten Lippe ist *Pleione speciosa* typisch für die Gattung.

Die *Cattleya*-Gruppe

Betrachtet man die zahlreichen Naturformen und vielfältigen gärtnerischen Hybriden, die zur *Cattleya*-Gruppe gehören, sieht man ein unglaublich komplexes Geflecht von Hybriden, die eine der größten Verwandtschaftsgruppen innerhalb der Orchideenfamilie bilden. Neben natürlichen Gattungen wie *Cattleya* und *Sophronitis* gibt es auch durch Züchtung entstandene Gattungen wie *Sophrolaelia* oder *Rhynchosophrocattleya*, wobei die großblütigen, zartgrünen *Rhyncholaelias* besonders bemerkenswert sind. Die Kombination verschiedener Gattungen führte zu einer unglaublichen Vielfalt, aber wir beschränken uns hier auf die Cattleyen, die für ihre einfache Kultur bekannt und im Handel leicht zu bekommen sind.

Cattleya und *Sophronitis* sind zwei natürliche Gattungen, die man in Kultur häufiger findet. Cattleyen bilden Pseudobulben, deren Länge zwischen 10 und 90 cm variieren kann und die aus einem deutlich sichtbaren, kräftigen Rhizom entspringen. Sie sind meist keulenförmig, von Hüllblättern umgeben und tragen je nach Typ entweder ein einzelnes Blatt (unifoliat) oder zwei Blätter (bifoliat). Beide Typen besitzen feste, ovale oder längliche Blätter mit einer ledrigen Oberfläche. Der Blütenstand entspringt an der Spitze der Pseudobulben an der Basis des Blattes. Der kurze Stängel trägt zwischen einer und sechs Blüten, die einen Durchmesser von ca. 12 cm aufweisen können und deren Erscheinungsbild zum fabelhaftesten im ganzen Orchideenreich gehört. Sie besitzen einen zarten Duft und ihre subtile Farbgebung reicht von reinem Weiß über Buttergelb bis zu den zahlreichen Schattierungen von Rot, Rosa, Purpur und Violett.

Sophronitis (im modernen Sinne umfasst diese Gattung auch die früheren brasilianischen *Laelia*-Arten) ist eine ähnliche Gattung, deren schlanke, keulenförmige, bis zu 30 cm lange Pseudobulben jeweils ein einzelnes ledriges Blatt tragen. Die bis zu 30 cm langen Blütenstände entspringen der Spitze der Pseudobulben und tragen bis zu acht attraktive Blüten in einem ähnlichen Farbspektrum wie bei Cattleyen. Die meisten Arten dieser beiden Gattungen blühen im Herbst oder im Frühjahr. Ihre Blütezeit erstreckt sich über drei Wochen.

Kultur

Der Schlüssel zu einer optimalen Kultur ist eine aufeinander abgestimmte Temperatur, Luftfeuchtigkeit und Feuchtigkeit an den Wurzeln. Ein offenes, schnell abtrocknendes Substrat, bestehend aus grober Rinde und einigen Zuschlagstoffen, hat sich als besonders günstig erwiesen. Während der Wachstumsphase sollte man Cattleyen regelmäßig gießen und bei jedem dritten oder vierten Mal auch düngen.

Wenn sich die Knospen an der Spitze der Pseudobulben zeigen, sind sie in einem grünen Hüllblatt, einer Blattscheide, verborgen, aus dem sie sich im Laufe des Wachstums herausschieben und das dabei in der ganzen Länge aufreißt. In der Zeit zwischen Entwicklung der Blattscheide und Erscheinen der Knospen kann das Hüllblatt braun werden und welken, da es nur eine kurze Lebensspanne hat. Gelegentlich kann es vorkommen, dass die Blattscheide nicht aufreißt und die Knospen darin stecken bleiben. In diesem Fall kann man die Blattscheide öffnen, damit sich die Knospen auf natürlichem Wege entwickeln können. Die Blüten haben

OBEN
Sophrocattleya Persepolis ist eine Hybride aus zwei Gattungen, wobei die Blütenform auf die *Cattleya*-Eltern zurückgeht.

normalerweise eine leicht nickende Haltung. Stehen sie zu mehreren an einem Blütenstand, können sie sich gegenseitig bedrängen und so ihre Entwicklung behindern. In diesem Fall können Sie jede Blüte in eine günstige Position bringen, indem Sie einen dünnen Holzstab oben etwa 2 cm tief einschneiden, in den Topf stecken, die Blüte richtig ausrichten und dann den Fruchtknoten vorsichtig in das gespaltene Ende einklemmen. Auf diese Weise lassen sich die Blüten so arrangieren, dass sie ihre Entwicklung nicht gegenseitig behindern.

Die Wurzeln beider Gruppen sind dick, weiß und fest. Sie entwickeln sich, sobald der neue Trieb zu wachsen beginnt. Die Pflanzen haben zwei Hauptwachstumszeiten, Frühjahr und Herbst. In dieser Zeit sind die Wurzeln besonders aktiv. Sie zeigen dann deutliche grüne Spitzen und sind besonders empfindlich und zerbrechlich. Außerdem werden sie gern von Schnecken heimgesucht. Wächst der neue Trieb über den Topfrand hinaus, bilden sich sehr lange Luftwurzeln. Man sollte Cattleyen immer dann umtopfen, wenn sich der neue Trieb zeigt, aber noch keine Wurzeln entwickelt hat.

Die Hybriden dieser Gruppe können sehr groß werden. Sie benötigen viel Licht und gelegentliches Sprühen im Sommer, aber man sollte vermeiden, dass Wassertropfen auf den Blüten verbleiben, da dies zu Fleckenbildung auf den papierdünnen Blütenblättern führt. Cattleyen mögen viel Licht, vertragen aber keine direkte Sonne. Im Sommer sollte man sie gut schattieren, im Winter aber dem vollen Licht aussetzen. Möchten Sie Cattleyen in der Wohnung halten, sollte Sie eine kompakt wachsende Hybride wählen, die Sie so hell wie möglich stellen. Die Temperaturen sollten in den Winternächten nicht unter 13 °C fallen. Sind sie längere Zeit niedrigen Temperaturen ausgesetzt, leidet der neue Trieb und es kann zu schwarzen Flecken kommen. Die Höchsttemperatur sollte 30 °C nicht überschreiten. Da die Bulben von Hüllblättern umgeben sind, werden sie gern von Schildläusen und Woll- oder Schmierläusen heimgesucht. Daher sollte man die Hüllblätter entfernen, wenn sie trocken werden. Dabei kann man die Pflanzen auch gleich auf einen Schädlingsbefall untersuchen (siehe Seite 220). Cattleyen legen manchmal für mehrere Wochen eine Ruhezeit ein. Lässt sich also kein Wachstum beobachten, sollten Sie nur so viel gießen, dass die Bulben nicht schrumpfen. Sind die Pflanzen groß genug, kann man sie teilen (siehe Seite 215), wobei jedes Teilstück aus mindestens vier Pseudobulben bestehen sollte.

UNTEN
Sophrocattleya Madge Fordyce 'Red Orb' erhielt den Gattungsnamen aufgrund der beiden beteiligten Gattungen *Sophronitis* und *Cattleya*. Von *Sophronitis* stammen die brillante Farbe sowie die geringe Größe, während die *Cattleya*-Eltern die Form und die Wüchsigkeit beitrugen.

DIE CATTLEYA-GRUPPE 45

Paphiopedilum und *Phragmipedium*

Für viele gehört diese Gruppe, deren Mitglieder man häufig als Frauenschuhorchideen bezeichnet, zur faszinierendsten Gruppe der Orchideen. Sie haben eine ganz eigene Pflanzen- und Blütenstruktur entwickelt, weshalb sie häufiger als von der Orchideenfamilie abgetrennt betrachtet werden. Ihr besonderes Markenzeichen ist die schuhförmige Lippe, die sie von anderen Orchideen unterscheidet. Auch ihre Blätter und ihre Art zu wachsen sind einmalig. Ursprünglich gehörten sie alle zur Gattung *Cypripedium*, aber heute werden sie in drei unterschiedliche Gruppen eingeteilt: *Paphiopedilum*, *Phragmipedium* und *Cypripedium*. Während die ersten beiden im Warmen wachsen, benötigen die in Nordamerika, Europa und Nordasien terrestrisch wachsenden Cypripedien sehr viel kühlere Bedingungen. Diese Orchideen lassen wir in diesem Buch außen vor, da sie nur sehr selten in Kultur.

Heute werden alle Frauenschuhorchideen als gefährdete Arten behandelt und erscheinen auf den Roten Listen der Artenschutzbehörde und der „Convention on International Trade in Endangered Species" (CITES). Dies stellt sicher, dass keine der geschützten Arten irgendwo auf der Welt ohne Genehmigung gehandelt werden kann. So wird gewährleistet, dass nur Pflanzen aus künstlicher Vermehrung in den Handel kommen. Dennoch ist ihr Vorkommen in der freien Natur stark gefährdet, da ihr natürlicher Lebensraum z.B. durch die Holzwirtschaft oder die Landwirtschaft unter hohem Druck steht.

Paphiopedilum

Paphiopedilen waren unter den ersten tropischen Orchideen, die kultiviert wurden. Sie gehören auch heute noch zu den beliebtesten Frauenschuhorchideen. Diese immergrünen Orchideen wachsen meistens terrestrisch und bilden Triebe mit zwei oder mehr langen und schmalen oder ovalen und breiten Blättern, wobei jeder neue Trieb an der Basis des alten entsteht. Viele Arten kompensieren den Mangel an Pseudobulben dadurch, dass sie dickere, fleischigere Blätter bilden, die meist dunkel gefärbt und heller grün gesprenkelt sind. Einige zeigen eine leichte purpurfarbene Punktierung auf den Blattunterseiten. Hat der neue Trieb sein Wachstum abgeschlossen, schiebt sich der Blütenstand aus der Mitte. Im Vergleich zu anderen Orchideen ist das Wurzelsystem von *Paphiopedilum* relativ schwach ausgeprägt, die Wurzeln sind braun und haarig. Die Pflanzen variieren in der Größe zwischen 8 cm und 15–30 cm, während die größeren Typen Blütenstände von bis zu 60 cm Höhe entwickeln können.

Ihre Blüten können bis zu zehn Wochen halten. Bei denen, die nacheinander aufblühen, verlängern bis zu einem Dutzend Blüten die Gesamtblütezeit erheblich. Einige Paphiopedilen haben die schönsten Blätter aller Orchideen, und viele sind allein deswegen schon eine Kultur wert. Besonders die Vertreter mit gefleckten Blättern stellen sehr attraktive Grünpflanzen dar.

OBEN
Phragmipedium Sedenii zeigt das pastellfarbene Spektrum der älteren *Phragmipedium*-Hybriden im Gegensatz zur leuchtenden Färbung moderner Züchtungen.

LINKS
Eine Nahaufnahme des Schuhs von *Paphiopedilum* Jersey Freckles zeigt die außergewöhnliche Form und das interessante Farbmuster.

Paphiopedilum-Typen

Besonderer Beliebtheit erfreuen sich die Komplexhybriden, die lange, schmale, einheitlich grüne Blätter bilden und eine einzelne große, runde Blüte besitzen. Die glänzenden, wundervollen Blüten mit ihren warmen Farbtönen können über mehrere Monate in Perfektion halten.

Der Maudiae-Typ mit einer einzelnen Blüte an einem hohen Stil wurde nach der ersten Hybride diesen Typs benannt. Die ovalen Blätter sind in verschiedenen Grüntönen sehr attraktiv gefleckt und zeigen manchmal auf der Unterseite eine feine rote Punktierung. Die eleganten Blüten stehen im Sommer stolz auf einem hohen, schlanken Blütenstiel. Ihre Grundfarbe ist entweder Grün oder Rot. Der grüne Typ ist durch ein klares Apfelgrün gekennzeichnet, die weiße Fahne ist zart gestreift. Beim roten Typ ist die Fahne häufig lebhaft geflammt und das Purpur ist so tief, dass es schon beinah schwarz wirkt. Mit dieser Gruppe wurden viele Anstrengungen unternommen, eine schwarze Orchidee zu züchten.

Eine Reihe von Arten, deren Blüten sich nacheinander öffnen, wurde miteinander gekreuzt, um kompakte, lang blühende Pflanzen zu erhalten. Sie besitzen längliche, hellgrüne Blätter und die einzelnen Blüten erscheinen an einem Blütenstand, an dem sie sich nacheinander über mehrere Monate hinweg öffnen. Das Farbspektrum dieser Gruppe reicht von hellen Schattierungen eines Kornfeldgelbs und Brauns bis hin zu hellem Orange. Häufig sind die Blüten braun oder purpurn gesprenkelt. Die kleinen Pflanzen begeistern mit ihrem besonderen Charme.

Dann gibt es noch die sogenannte Rotschildianum-Gruppe, die durch besonders dramatische Blüten hervorsticht. Diese Hybriden, die aus Arten aus Borneo und von den Philippinen gezüchtet wurden, weisen Blüten auf, die nicht ihresgleichen finden. Sie besitzen lange, bandartige Petalen, die gekräuselt herabhängen oder waagerecht stehen und eine Länge von bis zu 15 cm erreichen können. Die Pflanzen werden sehr groß, sind robust und tragen dunkelgrüne Blätter. Der Blütenstand kann eine Höhe von bis zu 1 m erreichen und vier bis sechs Blüten tragen, die sich fast gleichzeitig öffnen. Die Blütezeit liegt in den Frühjahrs- und Sommermonaten und erstreckt sich über sechs Wochen. Die Blüten zeigen ein dunkles braunes oder rotes Streifenmuster auf einem hellen, fast weißen Grund. Die Pflanzen sind zwar sehr beliebt, aber auch selten, da sie nur sehr langsam wachsen.

Kultur

Obwohl die verschiedenen *Paphiopedilum*-Typen aus so unterschiedlichen Regionen stammen, können die meisten dennoch unter einem Dach zusammen kultiviert werden. Sie benötigen ein gut schattiertes Gewächshaus, in dem die Temperaturen im Winter nicht wesentlich unter 18 °C fallen sollten. Da sie keine Pseudobulben besitzen, können sie längere Trockenperioden nicht überstehen. Daher sollte man sie gleichmäßig feucht halten, im Sommer etwas stärker als im Winter. In dieser Jahreszeit wachsen sie etwas langsamer, haben aber keine ausgesprochene Ruheperiode. Der Pflanzstoff sollte offen sein und das Wasser gut ablaufen lassen. Der Topf sollte möglichst klein sein. Komplexe Typen profitieren vom jährlichen Umtopfen, wobei das Wurzelsystem möglichst wenig gestört werden sollte. Im Sommer sollten Sie die Pflanzen leicht übersprühen, dabei jedoch darauf achten, dass kein Wasser auf den Blättern verbleibt. Besonders gefährlich ist es, wenn Wasser in das Herz der Blätter fließt und dort nicht rechtzeitig trocknet.

Phragmipedium

Von den drei Gattungen, die eingangs erwähnt wurden, bildet *Phragmipedium* die kleinste Gruppe. Obwohl man hier nur relativ wenige Arten findet, ist das Interesse an dieser Gattung besonders groß. *Phragmipedium* wächst meistens terrestrisch, obwohl einige Arten auch auf Ästen über dem Wasser wachsen können. Bei einigen Arten fließt beständig Wasser durch das Wurzelsystem, was sie relativ unempfindlich gegen stauende Nässe macht. Diesen Punkt sollte man sich beim Gießen zu Hause vor Augen halten.

Die Pflanzen erinnern von ihrem Wuchs her ein wenig an *Paphiopedilum*, stehen aber oft dichter beieinander und sind außergewöhnlich wüchsig. Ihre schmalen, riemenartigen Blätter haben eine Länge zwischen 10 und 90 cm. Ihr hoher Blütenstand trägt mehrere, sich nacheinander öffnende Blüten. Ist eine Blüte verwelkt, dauert es oft nur wenige Tage, bis sich die nächste öffnet. Auf diese Weise erstreckt sich die Blühsaison über mehrere Monate. Von der Form her sind die Blütenblätter bei *Phragmipedium* meist weniger rund, sondern eher spitz. Die schuhförmige Lippe ist eines der hervorstechendsten Merkmale, das sie mit *Paphiopedilum* teilen. Einige Arten besitzen sehr lang gezogene Petalen, die herabhängen und denen sie den Beinamen Mandarinorchidee verdanken. Die Blüten bilden einen echten Blickfang und sind bis zu 15 cm groß. Das Farbspektrum reicht von Pastellgrün bis zu verschiedenen Brauntönen. Einige Arten besitzen Blüten, deren zartes Rosa an das Innere von Muschelschalen erinnert, während andere ein aufregendes Rotorange zeigen. Gerade diese Arten sind für Züchter besonders interessant.

Kultur

Phragmipedium scheint unkritisch zu sein, was das Substrat angeht. Die Pflanzen gedeihen in Rindensubstrat offensichtlich ebenso gut wie in Steinwolle. Gerade die Pflanzen, deren Wurzeln nie austrocknen sollten, können von diesem nichtorganischen Material profitieren, da die Wurzeln darin nicht faulen. In diesem Fall ist allerdings eine regelmäßige Düngung besonders wichtig. Bei einigen Arten und Hybriden kann man die Töpfe sogar in eine Schale mit Wasser stellen, damit die Wurzeln niemals austrocknen. Für viele andere Orchideen wäre eine solche Behandlung der Tod. Abgesehen von der Vorliebe für ein feuchtes Wurzelsystem können *Phragmipedium* unter den gleichen Bedingungen gehalten werden wie *Paphiopedilum*.

UNTEN
Phragmipedium besseae ist eine relativ neue Entdeckung aus dem Jahre 1980. Die lebhafte rote Farbe war damals eine echte Sensation.

Epidendrum

Bis deutlich wurde, dass es viele unterschiedliche Gattungen gibt, wurden alle Orchideen, die auf Bäumen wachsen, in der Gattung *Epidendrum* zusammengefasst. Die Übersetzung des Namens bedeutet „auf dem Baum wachsend" und bezieht sich auf die epiphytische Lebensweise dieser Orchideen. Aber auch unter den Pflanzen, die heute unter diesem Namen geführt werden, gibt es noch einige der ältesten tropischen Orchideen, die vor über 200 Jahren entdeckt wurden.

Ihr Verbreitungsgebiet erstreckt sich über das ganze tropische Amerika. Es handelt sich um hauptsächlich hochwachsende Pflanzen mit schlanken, grasartigen Stämmen und bambusartigem Laub. Die Blütenstände entspringen der Spitze des Triebes und können von einigen wenigen bis zu Hunderten von Blüten produzieren, die sich nach und nach über mehrere Monate öffnen. Die Blüten sind sehr klein, selten mehr als 2 cm im Durchmesser, machen aber oft ihre geringe Größe durch ihre große Zahl wett. Einige Pflanzen wie das rot blühende *Epidendrum radicans* können das ganze Jahr über in Blüte stehen und werden dann bis zu 1,5 m groß. In tropischen Regionen findet man sie oft als Gartenpflanzen, wo sie ganze Beete füllen. Ihr Farbspektrum reicht von Gelb, Orange und Rot bis Grün, Braun, Weiß oder Rosa.

Man kann diese großwüchsigen Pflanzen auf das Beetende eines temperierten Gewächshauses pflanzen. Als Substrat eignet sich eine Mischung aus Rinde oder Torf und Holzkohle. Während des Wachstums bilden sie zahlreiche Luftwurzeln und vermehren sich durch Seitentriebe und Jungpflanzen an der Spitze der alten Stämme. Eine kleinere Gruppe von *Epidendrum* bildet die bekannten Pseudobulben. Sie sind meist hochgewachsen und schlank, mit einem Paar steifer, langer, ovaler Blätter. Die Blüten, die aus der Spitze der Pseudobulben entspringen, sind meist grün mit schmalen Blütenblättern, die durch eine weiße, dreilappige Lippe dominiert werden. Zu dieser Gruppe gehört z.B. *Epidendrum ciliare* (siehe Seite 160). Alles, was diese faszinierenden Orchideen zum Leben brauchen, sind regelmäßige Wassergaben, wobei sie bei jedem dritten Gießen etwas Dünger erhalten können, und hin und wieder einmal ein Übersprühen, wenn es sehr heiß sein sollte.

OBEN
Epidendrum pseudepidendrum gehört zu den schilfartigen *Epidendrum*-Arten. Es trägt mehrere grüne Blüten mit leuchtend orangefarbener wachsartiger Lippe, die ein wenig aussehen, als ob sie aus Plastik wären.

LINKS
Die Form der Lippen dieses leuchtend gefärbten *Epidendrum radicans* gibt der Pflanze in ihrer Heimat den Namen Kruzifixorchidee. Ihre Popularität hat allerdings in den letzten Jahren mit der Einführung von etwas kompakteren *Epidendrum*-Arten nachgelassen.

RECHTS
Das weiß blühende *Epidendrum parkinsonianum* wächst hängend, wobei die langen Blätter von kleinen Pseudobulben herabhängen.

Phalaenopsis

Die Popularität der *Phalaenopsis* hat in den letzten Jahrzehnten eine phänomenale Steigerung erfahren. Sie gehörten zu den ersten tropischen Orchideen, die in den viktorianischen Sammlungen kultiviert wurden. Ihre Attraktivität beruhte auf der Vielzahl der Blüten, die sie an langen, verzweigten Infloreszenzen bildeten.

Unter gärtnerischen Gesichtspunkten kann man die Gattung *Phalaenopsis* in zwei Gruppen unterteilen. So gibt es einmal die Gruppe mit langen, oft verzweigten Blütenständen und zahlreichen großen, runden Blüten in Weiß oder zartem Rosa. Die andere Gruppe trägt ihre eher sternförmigen Blüten an kürzeren Blütenständen. Die Blüten sind eher wachsartig mit helleren Farben. Intensive Züchtung zwischen diesen beiden Gruppen führte zu einer großen Familie an ausgezeichneten Hybriden mit vielfältigen Farben und einer Variationsbreite, die man früher für unmöglich gehalten hätte.

Die besten *Phalaenopsis*-Hybriden weisen beispielsweise eine Kombination von weißen Blütenblättern mit überaus dekorativer Lippe in leuchtendem Rot oder Orange auf. Die rosafarbenen *Phalaenopsis* wurden zu Pflanzen mit tief purpurfarbenen Blüten weiterentwickelt. Obwohl normalerweise immer einfarbig, wurden Varianten mit zartrosa Streifen oder einer dunkleren Punktierung erzeugt. Auch Gelb wurde als Farbe etabliert und man kann heute reingelbe oder gelb gepunktete Blüten finden, häufig mit grünlichem oder goldgelbem Rand. Die kleinsten der gelb blühenden Hybriden besitzen Blüten mit etwa 2 cm Durchmesser, die an einem Blütenstand mit weniger als 30 cm Höhe stehen. Die Pflanzen sind leicht zu pflegen und blühen so regelmäßig und so lange, wie es sonst keine andere Orchidee tut. Daher ist *Phalaenopsis* heute die am häufigsten in Kultur zu findende Orchidee. Auch die Naturformen erfreuen sich großer Beliebtheit und sind in vielen Sammlungen zu finden. Während man sie allerdings nur in ausgewiesenen Orchideengärtnereien bekommt, findet man die Hybriden häufig in jedem Supermarkt und vielen Gartencentern.

Kultur

Phalaenopsis wächst gleichmäßig das ganze Jahr hindurch und verlangsamt das Wachstum nur im Winter ein wenig, da dann die Tageslänge abnimmt und die Temperaturen meist niedriger sind. Im Frühjahr und im Sommer beschleunigt die Pflanze ihr Wachstum wieder. Ihr Jahresrhythmus ist weniger deutlich als bei anderen Orchideen, was ihre Handhabung vor allem als Topfpflanze im Haus erheblich erleichtert. Außerdem passt sie sich leichter an eine trockenere Umgebung an. Im Haus ist sie mit einem Standort im Halbschatten, wo sie kein direktes Sonnenlicht bekommt, sehr zufrieden, wenn es dort warm ist und zwischen Tag und Nacht ein leichtes Temperaturgefälle herrscht. Ebenso gut lassen sich Phalaenopsen in einem warmen Gewächshaus pflegen, wo die Temperaturen im Winter nachts bei 18 °C liegen und tagsüber wenigstens um 4–5 °C ansteigen, während im Sommer die Temperaturen ruhig 30 °C erreichen dürfen, ohne dass sie Schaden nehmen. Im Sommer kann man die Blätter leicht übersprühen, muss aber darauf achten, dass kein Wasser im Herz der Pflanze zurückbleibt, was fast immer zur Fäulnis führt. Im Winter sollte man nicht sprühen, da das Wasser dann zu lange

OBEN
Phalaenopsis Golden Hat ist ein wunderschönes Beispiel dafür, wie es durch gezielte Zuchtwahl gelungen ist, die Eigenschaften der weißen *Phalaenopsis* mit denen der sternförmig blühenden Arten zu verbinden.

auf den Blättern verbleibt. Im Haus können Sie die Blätter auch mit einem feuchten Schwamm abreiben. Es gibt nur wenige Schädlinge, die *Phalaenopsis* befallen, allerdings können Blattläuse, die an sich entwickelnden Blütenständen und Knospen saugen, und Spinnmilben, die die Blätter befallen, großen Schaden anrichten (siehe Seite 220). Die empfindlichste Stelle der Pflanze befindet sich im Herz, aus dem sich die neuen Blätter bilden. Vor allem im Winter kann hier Fäulnis entstehen, wenn sich dort Wasser sammelt. In diesem Fall wird das mittlere Blatt abfallen und unten am Ansatz braun und nass sein. Mit etwas Glück versucht die Pflanze, seitlich neu auszutreiben und eine junge Pflanze zu bilden, während die Blätter der alten Pflanze nach und nach gelb werden und abfallen. Bildet sich kein solcher Seitentrieb aus, geht die Pflanze sehr wahrscheinlich ein.

Das Umtopfen erfolgt im Frühjahr oder im Herbst, während die Pflanze nicht blüht. Da Phalenopsen kein ausgeprägtes Wurzelsystem bilden, kann man die Pflanzen meist in der gleichen Topfgröße belassen, nachdem man alle toten Wurzeln entfernt hat. Einige *Phalaenopsis*-Arten wachsen in der Natur an senkrechten Baumstämmen hängend. Ihre langen Blätter hängen herab, was verhindert, dass Wasser im Zentrum der Pflanze stehen bleibt.

Phalaenopsis-Blüten halten viele Wochen lang. Ist die letzte Blüte abgefallen, können Sie den Blütenstand bis zu einem der unteren Knoten zurückschneiden, damit sich in wenigen Wochen ein weiterer Blütenstand daraus entwickelt. Auf diese Weise lässt sich die Blütezeit noch einmal verlängern. So kann man sich mit einer kleinen Auswahl von Pflanzen das ganze Jahr über an Blüten erfreuen.

OBEN
Klassische Hybriden wie diese *Phalaenopsis* Happy Girl bestechen durch elegant geschwungene Blütenständen mit bis zu einem Dutzend rundlicher Einzelblüten.

Die *Vanda*-Gruppe

Vandeen beeindrucken durch ihre großartigen, leuchtend gefärbten Blüten. Jedermann würde sie kultivieren, wenn ihre Pflege so leicht wäre, wie ihre Schönheit groß ist. Leider ist das nicht der Fall. Ihre auffallende Farbigkeit ist das Ergebnis des tropischen Klimas und des ganzjährigen Sonnenscheins, und das ist es auch, was sie in Kultur verlangen. Sie lassen sich leicht mit anderen eng verwandten Gattungen wie *Euanthe*, *Ascocentrum* und anderen kreuzen. So gibt es eine Vielzahl von interessanten Hybriden. Alle sind monopodial wachsende Orchideen, deren lange, feste, halbaufrechte Blätter in Paaren an einem aufrecht nach oben immer weiterwachsenden Stamm stehen. Die Pflanzen können bis zu 1 m hoch werden und tragen lange, steife Luftwurzeln. Obwohl sie immergrün sind, verlieren sie hin und wieder das eine oder andere Blatt. Die Blütenstände erscheinen an der Basis der Blätter, wachsen schnell heran und tragen bis zu einem Dutzend, meist aber etwa sechs große, leuchtend gefärbte Blüten, die zwischen 5 und 15 cm groß sind. Ihre runden Blütenblätter überlappen einander und sind im Vergleich zur winzigen Lippe sehr groß. Sie blühen zu verschiedenen Zeiten, meist aber im Frühjahr und im frühen Sommer.

Bei einigen *Vanda*-Arten findet man eine für Orchideen höchst ungewöhnliche Färbung, die von einem leichten Himmelblau bis zu einem tiefen Blauviolett reicht. Meist tragen sie ein leichtes Schachbrett- oder Netzmuster. Auch andere Farben wie Mauve oder Violett sind zu finden, und die Kreuzung mit anderen Gattungen führte zu leuchtendem Rot oder feurigem Orange bis hin zu Gelb und Grün. Aber am bekanntesten sind diese Orchideen für ihre blaue Farbe.

Kultur

Außerhalb der Tropen sind Vandeen meist nur unter Schwierigkeiten im Haus zu kultivieren. Dort findet man sie meist nur in speziellen Gärtnereien, wo es häufig auch nur ein begrenztes Angebot gibt. Im Haus ist ihre Kultur schwierig, da die Luft meist zu trocken ist und das ganze Jahr über die notwendige Helligkeit fehlt. Dies führt häufig zu einem sehr langsamen Wachstum und dazu, dass die Pflanzen schnell austrocknen. Alles in allem ist die Kultur von *Vanda*-Naturformen im Haus nur wenig empfehlenswert. In einem warmen Gewächshaus kann man dies aber an einem hellen Standort ausprobieren, auch wenn es unter Umständen selbst für erfahrene Amateure eine Herausforderung ist. Jedoch kann sich die schwierige Kultur durchaus lohnen. Einige Vandeen sind anpassungsfähiger als andere, und so bilden die fabelhafte *Vandanthe* Rothschildiana, eine großblumige Hybride mit tiefblau gefärbten Blüten, und alle von ihr abgeleiteten Hybriden eine ungewöhnliche Ausnahme. Sie gedeihen selbst im relativ wenig sonnigen Klima Englands und in weiten Teilen von Europa recht gut und kommen regelmäßig zur Blüte. Es handelt sich bei dieser *Vandanthe* um eine 1931 gezüchtete Hybride aus *Vanda coerulea* und *Euanthe sanderiana*. *Vanda coerulea* besitzt himmelblaue Blüten und stammt von den Hängen des Himalaya, wo die Nächte oft sehr kühl werden. *Euanthe sanderiana* ist eine wärmeliebende Art von den Philippinen. Das Ergebnis dieser Kreuzung ist eine Pflanze mit außergewöhnlich breiter Temperaturtoleranz, was ihre Kultur sehr viel einfacher macht.

OBEN
Orchideenblüten wie diese *Vandanthe* Memoria Lyle Swanson 'Justin Grannel' werden als Schnittblumen per Flugzeug rund um die Welt transportiert.

LINKS
Eine Nahaufnahme von *Schlechterara* Blue Boy 'Indigo' zeigt die im Verhältnis sehr kleine Lippe, die typisch für viele Vandeen ist und als Landeplattform für den Bestäuber dient.

Im Sommer lieben Vandeen einen hellen Standort mit hoher Luftfeuchtigkeit, wo die Temperaturen nachts nicht unter 16–18 °C absinken. Tagsüber können die Temperaturen problemlos bis 30 °C ansteigen, wobei aber auch die Luftfeuchtigkeit entsprechend hoch sein muss. Diese Temperaturen sollten auch im Winter herrschen. Gut gepflegte Pflanzen können mehrmals im Jahr zur Blüte kommen. Man kann sie dann in Töpfen kultivieren, besser geeignet sind aber Lattenkörbchen, in denen das Substrat aus grober Rinde und Holzkohle besteht. Dies reicht aus, um den Pflanzen genügend Halt zu geben. Am besten hängt man den Korb dicht unter das Dach im Giebel des Gewächshauses, wo es auch im Winter wärmer ist. Auf diese Weise entsteht sehr schnell ein dichtes Geflecht aus Luftwurzeln, das bald eine Länge von bis zu 1 m erreichen kann. Diese Wurzeln sollte man täglich übersprühen. Sinken die Temperaturen abends ab, erhöht sich automatisch auch die Luftfeuchtigkeit, wovon die Pflanzen profitieren. Achten Sie besonders darauf, dass in den Blattachseln niemals Wasser stehen bleibt. Leider sind die Pflanzen sehr empfindlich gegenüber Kronenfäule. In diesem Fall bildet sich manchmal ein Seitentrieb, aus dem eine neue Pflanze entstehen kann. Es wird aber mehrere Jahre dauern, bis die Pflanze wieder zur Blüte kommt. Die Düngung kann entweder beim Sprühen über das Blatt oder über die Wurzeln erfolgen.

OBEN
Diese ungewöhnliche Hybride *Christieara* Renée Gerber 'Fuchs Confetti' wurde aus drei Gattungen gezüchtet und trägt zahlreiche eigentümliche Blüten an einem dicht besetzten Blütenstand.

Während die Pflanze immer weiter nach oben wächst, werden in den unteren Bereichen nach und nach die ältesten Blätter abgeworfen. Das kann dazu führen, dass die Pflanze in der unteren Hälfte nur noch aus Stamm und Wurzeln besteht. Sind auch an der oberen Hälfte Luftwurzeln zu finden, können Sie die Pflanze unterhalb dieser Stelle teilen und den Kopfsteckling getrennt eintopfen. Nicht selten bildet die untere Hälfte dann neue Seitentriebe aus. Dies ist die einzige Gelegenheit, bei der ein Umtopfen notwendig ist. Ansonsten kann die Pflanze durchgehend in ihrem Korb verbleiben. Man sollte nur hin und wieder Rindenstücke austauschen, ohne die Pflanze aus dem Korb zu nehmen. Ist die Pflanze für ihren Korb zu groß geworden, wird sie einfach mitsamt des alten in einen größeren Korb gesetzt.

Im Winter verlangsamen die Vandeen ihr Wachstum. Man erkennt das an den grünen Spitzen der Wurzeln, die in dieser Zeit von grauem Velamen bedeckt sind. Die Pflanzen werden nur selten von Schädlingen befallen, unter feuchten Bedingungen sind allerdings die Wurzeln anfällig für den Befall mit Schnecken.

Unter den zahlreichen eng verwandten Orchideen, mit denen Hybriden erzeugt wurden, ist die Gattung *Ascocentrum* von besonderer Bedeutung. Sie benötigen ähnliche Kulturbedingungen, sind aber wesentlich kleiner und kompakter. Ihre Blüten fallen durch ihre leuchtenden Farben auf, die sie auch an ihre Hybriden vererben. Meist besitzen die Hybriden eine deutlich größere Blütenfülle. Es ist schwer, diesen Juwelen des Orients zu widerstehen, aber sie stellen auch für den erfahrenen Liebhaber immer wieder eine Herausforderung dar.

OBEN
Am Beispiel dieser *Schlechterara* Fuchs Sunkist 'Mike' kann man sehen, wie durch eine Drehung des Stiels die Blüte so ausgerichtet wird, dass die Lippe nach unten zeigt.

Kühl kultivierte Orchideen

Der Großteil der heute kultivierten Orchideen stammt aus dem kühlen Bereich, da ihre Kultur oft einfacher ist und ihre Ansprüche an die Temperatur geringer sind. Man kann seine Sammlung ganz auf diesen Bereich beschränken, ohne Einbußen an Vielfalt hinnehmen zu müssen. Die Auswahl ist unendlich groß. Viele der Orchideen wie *Cymbidium* oder *Odontoglossum* stammen in ihrer natürlichen Umgebung aus größeren Höhenlagen. Die meisten gedeihen prächtig im Haus, wenn es ihnen dort nicht zu warm wird, was in einem Gewächshaus oder einem Wintergarten gerade im Sommer leicht der Fall sein kann. Ideal ist ein heller, aber nicht sonniger Standort im Wohnzimmer, wo es tagsüber warm, nachts kühl ist.

Cymbidium Maureen Grape 'Marilyn'

Diesem in seinen Farben frischen, frühlingshaft grünen Klon blieben die ursprünglichen Farbschattierungen von *Cymbidium ensiflorum* erhalten, aus dem die sehr wertvolle Hybride *Cym.* Peter Pan gezüchtet wurde, die ein Elternteil dieser Kreuzung ist. Auch der süße Duft ging während der ganzen in Neuseeland entwickelten Zuchtlinie nicht verloren. Die Blüten haben einen Durchmesser von 5 cm. Auch die rote Sprenkelung auf der Lippe ist ein typisches Merkmal der Ursprungsart. Wie viele Cymbidien besitzt diese Pflanze eine sehr lange Blütezeit, da sich die Blütenstände zu unterschiedlichen Zeiten nacheinander bilden. Seit ihrem Erscheinen 1984 ist diese Hybride ein unschlagbarer Favorit, vor allem, da sie im Sommer blüht.

BLÜTE
5 cm

BLÜTENSTAND
90 cm

PFLANZENGRÖSSE
45 cm

TOPFGRÖSSE
15 cm

Cymbidium Valley Blush 'Magnificant'

Dieser Standardtyp kann bis zu einem Dutzend großer Blüten an einem Blütenstand tragen, jede mit einem zarten Grün und mit delikat gezeichneter Lippe. Eine große Pflanze kann zahlreiche Blütenstände hervorbringen. Diese grün blühenden Hybriden benötigen zur Induktion der Blüten im Spätsommer reichlich Licht. Sobald sich die Knospen zeigen, sollte man die Pflanzen stärker schattieren. Wenn die Pflanzen in diesem Stadium zu hell stehen, färben sich die Knospen gelb und fallen schnell ab. Auch während der Blütezeit sollte man die Pflanze eher schattig stellen, damit die Blüten länger halten.

BLÜTE
10 cm

BLÜTENSTAND
120 cm

PFLANZENGRÖSSE
100 cm

TOPFGRÖSSE
20 cm

Cymbidium Tangerine Mary

Diese in Neuseeland gezüchtete Hybride zeigt im späten Winter leuchtende Farben, die man in dieser Jahreszeit selten findet. Die Pflanze ist speziell für die Kultur im Haus gezüchtet worden. Sie wächst kompakt mit aufrechten Blättern, sodass sie weniger Raum braucht als andere *Cymbidium*. Die Rispe trägt zahlreiche Blüten, steht aufrecht und erreicht etwa die Höhe der Blätter. Eine ausgewachsene Pflanze blüht fast den ganzen Winter über, wobei sich ein Blütenstand nach dem anderen bildet.

BLÜTE
5 cm

BLÜTENSTAND
90 cm

PFLANZENGRÖSSE
60 cm

TOPFGRÖSSE
15 cm

Cymbidium Cotil Point AM/RHS

Cym. Cotil Point wurde in Jersey in den späten 1990er-Jahren gezüchtet und fällt besonders ins Auge, weil es eine der neuesten in einer langen Reihe von außergewöhnlichen rot blühenden Hybriden ist, die durch ihre große Farbtiefe sowie die Qualität und Substanz der Blüten beeindrucken. Sie hat bereits viele Preise beiderseits des Atlantiks gewonnen und drei Mal den „Award of Merit" der RHS (Royal Horrticultural Society – Königliche Gartenbaugesellschaft) in London erhalten. Das Streifenmuster auf den Petalen, das man bei rot blühenden Hybriden häufiger findet, zeigt den Einfluss von *Cymbidium traceyanum*, einer braun blühenden Naturform mit gelber Lippe. Obwohl diese Art weit in der Ahnenreihe zurückliegt, zeigt sich dieser Einfluss sehr deutlich. Die großen Blüten öffnen sich im Winter und können entweder an der Pflanze belassen werden oder einzeln als Schnittblumen dienen.

BLÜTE
15 cm

BLÜTENSTAND
120 cm

PFLANZENGRÖSSE
100 cm

TOPFGRÖSSE
20 cm

BLÜTE	5 cm
BLÜTENSTAND	90 cm
PFLANZENGRÖSSE	30 cm
TOPFGRÖSSE	15 cm

Cymbidium Bruttera

Diese attraktive, kompakte Hybride gehört zu denen, die nach der Sommersaison als Erste blühen. Den ganzen Herbst über reich blühend, verbreitet sie einen erfrischenden Duft, der den Eindruck der klaren Farben ergänzt. Eine mittelgroße Pflanze kann bis zu sechs Blütenstände tragen. Den Sommer über sollte man diese Hybride im Garten kultivieren, wo die Triebe kräftiger heranwachsen. Wenn sich die anfangs wie dicke Bleistifte aussehenden Blütenstände zeigen, sollte man die Pflanze ins Haus bringen und an einen hellen Standort stellen, wo sich die Knospen entwickeln können und die Pflanze wochenlang blühen wird.

Cymbidium Cotil Point 'Ridgeway'

Ein gewisses Maß an Variabilität gibt es bei allen Orchideenhybriden, aber besonders ausgeprägt ist dies bei der Gattung *Cymbidium*. Jede Hybride zeigt besondere Klone, die Unterschiede in Form, Farbe und in der Zeichnung der Lippe aufweisen. Die genetische Vielfalt ist innerhalb der modernen Hybriden so groß, dass man nie vorhersagen kann, welche Eigenschaften sich als dominant erweisen. *Cym*. Cotil Point 'Ridgeway' zeigt z.B. deutliche Abweichungen gegenüber dem Klon von Seite 62. Als Gemeinsamkeiten haben sie die gestreiften Blütenblätter und die Form der Lippe, sie unterscheiden sich aber in der Färbung.

BLÜTE
15 cm

BLÜTENSTAND
120 cm

PFLANZENGRÖSSE
100 cm

TOPFGRÖSSE
20 cm

Cymbidium Bethlehem

Dieses weiße, mitten im Winter blühende *Cymbidium* kann seinen Stammbaum weit auf zwei weiße Arten zurückführen: *Cymbidium eburneum* trägt einzelne Blüten und stammt aus Indien und Burma und *Cymbidium erythrostylum* ist eine Art aus Vietnam, die mehrere, aber kleinere Blüten trägt. Die erste Art vererbt die Haltung der Blüte, aber wenige Blüten. Die zweite Art und andere Pflanzen aus der Zuchtlinie kompensieren die geringe Blütenzahl und bewirken, dass die Pflanze an langen Blütenständen zahlreiche wohlgeformte Blüten trägt. Diese aus Kalifornien stammende Hybride zeigt einen zarten Hauch von Pink über den Sepalen, während die Petalen ein leichte Zeichnung besitzen, die sich wesentlich detailreicher auf der Lippe wiederholt. Um sicherzustellen, dass die Pflanze im nächsten Jahr gut und reichlich blüht, sollte man sie den Sommer über im Garten kultivieren, bevor die Blüte erscheint.

BLÜTE
12 cm

BLÜTENSTAND
120 cm

PFLANZENGRÖSSE
100 cm

TOPFGRÖSSE
20 cm

Cymbidium Glowing Valley 'Sunrise'

Im genetischen Hintergrund der Mehrzahl der Standardhybriden findet sich das berühmteste *Cymbidium* aller Zeiten: *Cym.* Alexanderi 'Westonbird' FCC/RHS. Der Einfluss dieser 1922 gezüchteten Hybride ist immer noch in der Substanz und in der Form der Blüten sichtbar. *Cym.* Glowing Valley wurde 1985 in Australien gezüchtet. Die perfekt geformte Blüte ist zartrosa gefärbt und zeigt ein delikates Muster auf der Lippe, was einen subtilen Kontrapunkt zu den kräftigeren Farben bei anderen Hybriden der Gattung bildet. Die sehr blass gefärbten Blüten können durch zu viel Licht geschädigt werden, daher sollte man die Pflanze während der Blütezeit nicht dem direkten Sonnenlicht aussetzen.

BLÜTE
9 cm

BLÜTENSTAND
120 cm

PFLANZENGRÖSSE
100 cm

TOPFGRÖSSE
20 cm

Cymbidium Valley Splash 'Awesome'

Viele der besten *Cymbidium*-Hybriden stammen aus Australien, wo eines der Zentren für die Zucht dieser weltweit sehr populären Orchidee ist. Alle Hybriden, deren Name ein „Valley" enthält, stammen aus der Zucht der Gärtnerei Valley Orchids in Südaustralien. *Cym.* Valley Splash kam 1991 heraus. Die rot überhauchten Blütenblätter dieser hübschen Hybride geben den großen, leicht schalenförmigen Blüten eine ungewöhnliche Zweifarbigkeit.

BLÜTE
10 cm

BLÜTENSTAND
120 cm

PFLANZENGRÖSSE
100 cm

TOPFGRÖSSE
20 cm

Cymbidium Nevada

Solche gelben Hybriden werden seit über 100 Jahren gezüchtet. Diese moderne Hybride zeigt ihre 120 cm langen, aufrechten Blütenstände im Frühjahr. Jeder Blütenstand trägt etwa ein Dutzend Blüten. Eine ausgewachsene Pflanze kann leicht sechs Blütenstände und mehr hervorbringen. Die 10 cm großen, fantastischen Blüten halten für viele Wochen. Die Blütenstände beginnen ihr Wachstum im Herbst und brauchen bis zum Frühjahr, um die Knospen zu entwickeln. Sie müssen gestützt werden, damit sie nicht unter ihrem eigenen Gewicht abknicken. Die Pflanze wird etwa 90 cm hoch und sollte in einem 30-cm-Topf untergebracht werden. Sie benötigt viel Platz und wird am besten im Gewächshaus oder im Wintergarten kultiviert, wo sie das ganze Jahr über viel Licht erhält. Wenn es der Platz erlaubt und man sie im Haus kultivieren kann, sollten die Pflanzen den Sommer im Garten verbringen, wo sie von der frischen Luft und dem Licht zur Blüte angeregt werden.

BLÜTE
10 cm

BLÜTENSTAND
120 cm

PFLANZENGRÖSSE
90 cm

TOPFGRÖSSE
30 cm

Cymbidium Mini Sarah 'Sunburst'

Diese Cymbidie mit ihrer hübschen weiß-gelb gefleckten Lippe gehört zu einer großen Gruppe von kompakt wachsenden Orchideen, die speziell für die Kultur im Haus gezüchtet wurden. Diese Pflanzen bleiben vom Wuchs her kleiner, haben aber auch kleinere Blüten. *Cym.* Mini Sarah ist ein Nachkomme des aus Taiwan stammenden *Cymbidium floribundum*, einer kompakten, kleinblütigen Naturform. Viele Jahre wurde das Zuchtpotenzial dieser Pflanze übersehen, aber seit den späten 1950er-Jahren wurde die Art besonders für die Züchtung von kleinen Miniatur-Cymbidien eingesetzt, um Hybriden für die Fensterbank zu erzeugen. Sie bildeten mehrere Blütenstände in einer Saison, die ihre Knospen nicht alle gleichzeitig öffnen und so die Blütezeit über einen langen Zeitraum ausdehnen. Sie können so den ganzen Winter über bis in den Frühling hinein blühen. Während dieser Zeit müssen die Pflanzen regelmäßig gegossen und auch gedüngt werden, um sie zu kräftigen. Das Umtopfen sollte bald nach der Blüte erfolgen. Diese kleineren Pflanzen kann man über Jahre hinweg kultivieren, ohne sie zu teilen, und sie bleiben dennoch leicht zu handhaben.

BLÜTE
9 cm

BLÜTENSTAND
60 cm

PFLANZENGRÖSSE
75 cm

TOPFGRÖSSE
20 cm

Rhynchostele bictoniensis

Diese Naturform aus Guatemala wurde 1835 das erste Mal eingeführt. Mit ihr wurden zahlreiche attraktive Hybriden unter ihrem alten Namen *Odontoglossum* gezüchtet, besonders mit der verwandten Gattung *Brassia* (siehe Seite 114–115). Aber auch als Naturform hat sie einen eigenen Platz in Liebhabersammlungen. Durch den Einsatz der blasslippigen *alba*-Form sowie zahlreicher dunkler Formen konnten Hybriden mit einem breiten Farbspektrum gezüchtet werden. Die langlebigen Blüten stehen in zwei Reihen an einem aufrechten Blütenstand. Man sollte die Pflanze im Sommer leicht schattieren, bis der Blütenstand fast ausgewachsenen ist. Die Pflanze bildet in wenigen Jahren dichte Pseudobulbennester. Gießen Sie die Pflanzen das ganze Jahr über gleichmäßig, im Winter allerdings etwas sparsamer.

PFLEGEHINWEIS
Die hohen, schlanken Blütenstände benötigen eine Stütze, um aufrecht zu wachsen.

BLÜTE
4 cm

BLÜTENSTAND
45 cm

PFLANZENGRÖSSE
30 cm

TOPFGRÖSSE
12 cm

Rynchostele bictoniense × *Brassia* Stardust

BLÜTE
5 cm

BLÜTENSTAND
45 cm

PFLANZENGRÖSSE
30 cm

TOPFGRÖSSE
12 cm

Nicht alle Hybriden innerhalb der *Odontoglossum*-Gruppe tragen die typischen wohlgerundeten Blüten mit breiten Petalen und Sepalen. Diese neue Hybride stellt einen anderen Typ dieser sehr variablen Gruppe dar. Da es für sie bis zur Anmeldung bei der RHS noch keinen eigenen Namen gibt, trägt sie den Namen der Eltern. *Brassia* Stardust besitzt lang gezogene Petalen und Sepalen von grünlicher Farbe. Die Pflanzen dieser Gattung werden auch häufig als Spinnenorchideen bezeichnet. *Rhynchostele bictoniense* vererbte den langen Blütenstand und die Vielblütigkeit, während *Brassia* Stardust zur Blütengröße und zur ausgeprägteren Färbung dieser zauberhaften Hybride beitrug. Obwohl sie im Sommer etwas Schatten benötigt, erträgt sie maximale Temperaturen von 30 °C relativ problemlos. Die Züchtung mit *Rhynchostele bictoniense* ergab einige sehr farbenprächtige, im Sommer blühende Kreuzungen in der *Odontoglossum*-Gruppe. Im Winter benötigen diese Pflanzen eine leichte Ruheperiode, bis sich im Frühjahr neues Wachstum zeigt.

Odontiopsis Boussole 'Blanche'

Diese ausgezeichnete Hybride stammt aus Frankreich und ist das Ergebnis einer Kreuzung von *Miltoniopsis* und *Odontoglossum*. Die meisten Kreuzungen dieser Art besitzen große, feurig gefärbte Lippen, die auf das Erbe der *Miltoniopsis*-Eltern zurückgehen. Bei dieser Hybride jedoch hat sich *Odontoglossum* als dominant erwiesen. Die sternförmige Blüte lässt sich auf *Odontoglossum crispum* zurückführen. Diese Art spielt eine besondere Rolle bei der Entwicklung moderner weißer Hybriden. Die Flecken auf der Lippe und auf den Petalen sind das Erbe der rosa blühenden *Miltoniopsis*-Eltern. Diese Hybride besitzt einen langen Stammbaum, bei dem eine Vielzahl von ausgezeichneten, unterschiedlichen Klonen zu dieser Perfektion geführt haben.

BLÜTE
8 cm

BLÜTENSTAND
30 cm

PFLANZENGRÖSSE
30 cm

TOPFGRÖSSE
10 cm

Rhynchlioglossum Kalkastern

Kalkastern ist eine neuere Hybride aus Deutschland, die aus der dunkelroten *Odontioda* Feuerkugel und *Rhynchostele rossii* gezüchtet wurde. Das Ergebnis ist eine wunderbar gefärbte kompakte Blüte mit einer breiten Lippe. Die blau-violette Farbe der Lippe ist sehr selten und wird besonders bei diesem Typ von Hybriden hoch geschätzt. Das sattgelb gefärbte Saftmal zeigt das Zentrum der Blüte an. Das Besondere an dieser Zuchtrichtung ist der Abschied von den gewöhnlich eher gerundeten, schmallippigen Hybriden früherer Zeiten, um eine wohlausgewogene Pflanze für die Kultur auf der Fensterbank zu erhalten. *Rhynchostele rossii* wurde auch früher schon für die Zucht farbenprächtiger Hybriden verwendet, um das Farbspektrum zu erweitern und eine hohe Qualität zu erzielen.

BLÜTE
5 cm

BLÜTENSTAND
20 cm

PFLANZENGRÖSSE
30 cm

TOPFGRÖSSE
10 cm

Odontioda Marie Noel 'Bourgogne'

BLÜTE
6 cm

BLÜTENSTAND
30 cm

PFLANZENGRÖSSE
30 cm

TOPFGRÖSSE
10 cm

Die auffälligsten Farbmuster unter allen Orchideen kann man unter den *Odontoglossum*-Hybriden finden. Diese hier ist der Endpunkt einer sehr langen Reihe von ausgezeichneten Hybriden aus der traditionsreichen, weltbekannten französischen Gärtnerei Vacherot & Lecoufle. Hybriden wie Marie Noel haben in der Vergangenheit wegen ihrer außergewöhnlichen Qualität viele Preise gewonnen, und 'Bourgogne' mit seinem leopardenartigen Fleckenmuster ist sicherlich einer der besten Klone. Der Ursprung dieser Hybriden lässt sich bis zum lieblichen weißen *Odontoglossum crispum* zurückverfolgen, dessen Einfluss hier noch deutlich zu sehen ist. Diese Art stammt aus den südamerikanischen Anden, wo sie in den Bäumen der Gebirgsregionen kühle Nächte und eine ständige frische Brise genießt. Die wohlgeformten Blütenblätter und die meist kleinere Lippe zeigen ein einheitliches Farbmuster.

Odyncidium Hansueli Isler

Das kräftige, leuchtend rot-braune Muster auf gelbem Grund scheint schon bei den Knospen durch. Diese reizende Hybride stammt aus deutscher Zucht und ist, wie eine Reihe anderer aus dieser Gruppe, nach der Schweizer Gärtnerfamilie Isler benannt. Als einer der bekanntesten europäischen Züchter hat Jakob Isler zahlreiche moderne Kreuzungen in der *Odontoglossum*-Gruppe erzeugt. Diese hier ist mit ihrer attraktiv gezeichneten Lippe nicht nur sehr dekorativ, sondern auch sehr blühfreudig. An kräftigen, aufrechten Stielen trägt sie sechs bis zehn Blüten. Damit man sich an ihnen möglichst lange erfreuen kann, sollte man die Pflanze an einem schattigen, nicht zu warmen Standort unterbringen.

BLÜTE
6 cm

BLÜTENSTAND
50 cm

PFLANZENGRÖSSE
30 cm

TOPFGRÖSSE
10 cm

Odontocidium Isler's Goldregen

Das Einkreuzen von *Oncidium* hat eine weitere Dimension zur *Odontoglossum*-Gruppe hinzugefügt. Oncidien blühen meist gelb wie das bei dieser Hybride verwendete *Oncidium tigrinum*. Wenn man sie mit gelb blühenden *Odontoglossum*-Arten kreuzt, vertiefen sich die Farben, und man erhält wunderbar reiche braune und gelbe Töne. Hier bedecken die rot-braunen Bänderungen in den Sepalen und Petalen das Gelb fast vollständig. Die große Blüte ist sternförmig, aber die Lippe ist ein wenig flatterhaft, was typisch für Onciden ist. Mit den sehr hoch gewachsenen Blütenständen und den wohlgeformten, sehr großen Blüten sind diese Hybriden ein echter Blickfang. Sie bilden sehr große Pseudobulben und können zu jeder Zeit im Jahr blühen.

BLÜTE
8 cm

BLÜTENSTAND
60 cm

PFLANZENGRÖSSE
30 cm

TOPFGRÖSSE
10 cm

Odontocidium Purbeck Gold

Hierbei handelt es sich um eine der älteren britischen Hybriden, die um 1983 das erste Mal in den Handel kam. Auch heute noch ist sie sehr gefragt. Sie bildet robuste Pflanzen mit hochgewachsenen Blütenständen, die hauptsächlich im Herbst erscheinen und die typischen Herbstfarben Gelb und Braun zeigen. Das Goldgelb der gewellten Lippe geht auf das aus Mexiko stammende *Oncidium tigrinum* zurück. Die sehr wüchsigen Pflanzen besitzen große Pseudobulben und sind recht blühfreudig. Häufig bilden sie zwei Blütenstände gleichzeitig an einer Bulbe. Regelmäßiges Umtopfen ist hilfreich, damit die Pflanze ihr volles Potenzial erreicht. Odontocidien weisen je nach Zuchtrichtung ein breites Farbspektrum von Gelb über verschiedene Brauntöne und Rot bis zu Violett auf.

BLÜTE
6 cm

BLÜTENSTAND
50 cm

PFLANZENGRÖSSE
30 cm

TOPFGRÖSSE
10 cm

Wilsonara Uruapan 'Tyrone' AM/RHS

Wilsonaras sind Mehrgattungshybriden mit einer geradezu unglaublichen Variationsbreite. Sie bestehen aus drei Gattungen: *Cochlioda*, *Odontoglossum* und *Oncidium*. Die Erste dieser Dreigattungshybriden wurde, als sie 1916 blühte, nach Gurney Wilson benannt, einem bedeutenden Orchideenfachmann und Buchautor seiner Zeit. Bis zur Einführung von *Oncidium tigrinum* wurden allerdings nur sehr wenige Kreuzungen in dieser Richtung gemacht. Erst dann wurde diese Linie wiederbelebt und erreichte die heutige Perfektion. Ihr Name ist eine schöne Erinnerung an einen Mann, der für seine Verdienste die Victoria-Ehrenmedaille der RHS verliehen bekam. Die hier gezeigte Pflanze mit ihren attraktiven, perfekt symmetrischen Blüten zeigt den deutlichen Einfluss von *Cochlioda* und *Odontoglossum* in dieser Hybride, die sehr wüchsig ist und hohe Blütenstände mit bis zu einem Dutzend Blüten hervorbringt.

BLÜTE
9 cm

BLÜTENSTAND
50 cm

PFLANZENGRÖSSE
25 cm

TOPFGRÖSSE
15 cm

Wilsonara Widecombe Fair

Diese bezaubernde Hybride in Pink und Weiß zeigt den Einfluss einer anderen *Oncidium*-Art, der zu kleineren, offeneren Blüten führt. Während die Pflanze die typischen Merkmale eines *Odontoglossum* aufweist, ist der Blütenstand höher und trägt an seinen zahlreichen Verzweigungen viele kleine Blüten. Hier hat *Oncidium incurvum* mit seinem langen Blütenstand und der typischen Form der Blüten seinen Beitrag zu dieser hervorragenden Hybride geleistet. Der andere Elternteil, *Odontioda* Florence Stirling, wurde vor allem in den 1940er- und 1950er-Jahren wegen seiner reichen, violett-purpurnen Farbe häufiger in der Züchtung verwendet. Der lange, im Sommer geöffnete Blütenstand braucht für seine Entwicklung sehr lange und muss von Anfang an gestützt werden. *Wil.* Widecombe Fair ist eine wuchsfreudige Hybride, die auch bei höheren Temperaturen gut gedeiht. Sie benötigt mindesten 13 °C im Winter und tagsüber etwa 24 °C. Besonders erfolgreich war diese Hybride in den USA, wo sie in Florida, Texas und Kalifornien in den Gärten sehr beliebt war.

BLÜTE
5 cm

BLÜTENSTAND
90 cm

PFLANZENGRÖSSE
23 cm

TOPFGRÖSSE
10 cm

Wilsonara Kolibri

Bei dieser Dreigattungshybride zeigte sich der Einfluss des *Oncidium*-Elternteils in einer Erhöhung der Blütenzahl und einer Verkleinerung der Einzelblüten. Der reich verzweigte Blütenstand erinnert ein wenig an einen Weihnachtsbaum. Das Pink und Rot der Blüten geht auf die Gattung *Cochlioda* zurück, während Form und Haltung vom *Odontoglossum*-Elternteil rührt. Diese ungewöhnliche Zuchtlinie vereinigt die besten Eigenschaften der beiden Arten *Oncidium incurvum* und *Oncidium ornithorhynchum* und zeigt, welche ungewöhnlichen Wege auch in der *Odontoglossum*-Gruppe noch möglich sind.

BLÜTE
4 cm

BLÜTENSTAND
100 cm

PFLANZENGRÖSSE
18 cm

TOPFGRÖSSE
15 cm

Odonchlopsis Cambria 'Yellow'

Diese gelbe Variante der berühmten Cambria 'Plush' (siehe rechts) hat in ihrem Stammbaum viermal das sehr variable *Odontoglossum harryanum* als Elternteil und dies hat dazu geführt, dass in einzelnen Klonen während des Prozesses der Meristemvermehrung plötzlich die gelbe Farbe dominierte. Einer dieser Klone, *Odonchlopsis* Cambria 'Yellow', tauchte vor wenigen Jahren in Holland auf und erwies sich auch in der Massenvermehrung als stabil. Seitdem erfreut sich dieser Klon großer Beliebtheit. Abgesehen von der Farbe besitzt er alle typischen Merkmale von *Ocp*. Cambria 'Plush'. Diese Hybride ist auch als *Vuylstekeara* Cambria bekannt.

BLÜTE
8 cm

BLÜTENSTAND
50 cm

PFLANZENGRÖSSE
30 cm

TOPFGRÖSSE
12 cm

Odochlopsis Cambria 'Plush' FCC/RHS

Dies ist die wohl beliebteste Orchidee aller Zeiten innerhalb der *Odontoglossum*-Gruppe. Die Gründe dafür sind die große, ungewöhnlich schöne, feurig gefärbte Blüte, die Blühfreudigkeit und die große Wüchsigkeit. Als *Vuylstekeara* Cambria wurde die Pflanze das erste Mal 1931 vorgestellt und hat ihren Ursprung in der bekannten britischen Gärtnerei von Charlesworth & Co. in Hayward's Heath in der Grafschaft Surrey in England. Mit dem Aufkommen der Meristemvermehrung wurde sie in der ganzen Welt populär und kann heute überall gefunden werden. 1967 erhielt der Klon 'Plush' dieser Pflanze eine der höchsten Auszeichnungen, das First Class Certificate (FCC). Die Pflanze blüht häufig zweimal im Jahr und bildet oft zwei Blütenstände aus einer Pseudobulbe. Man sollte durch regelmäßiges Gießen dafür sorgen, dass die Bulben immer hübsch prall und wohlgenährt aussehen.

BLÜTE
8 cm

BLÜTENSTAND
50 cm

PFLANZENGRÖSSE
30 cm

TOPFGRÖSSE
12 cm

Kunthara Stefan Isler

In dieser kräftig gefärbten Hybride sind vier bekannte Gattungen vereint. In ihr verbinden sich die Merkmale der Gattungen *Miltoniopsis*, *Cochlioda*, *Odontoglossum* und *Oncidium* zu einer atemberaubenden Schöpfung aus dunkleren und helleren Rottönen. Form und Farbmuster der Lippe lassen den Einfluss von *Miltoniopsis* erkennen, während *Cochlioda* die leuchtende Färbung beitrug. Die Blütengröße wurde durch die *Oncidium*-Eltern etwas reduziert, aber dafür ist das gesamte Erscheinungsbild sehr kompakt, wodurch die Pflanze ideal geeignet ist, um im Haus auf der Fensterbank kultiviert zu werden. Die lebhaft gefärbten Sepalen und Petalen kontrastieren auf harmonische Weise mit der orangefarbenen, geigenförmigen Lippe. Die Blüten stehen gut verteilt an den Seitenästen des verzweigten Blütenstandes und halten über mehrere Wochen.

BLÜTE
4 cm

BLÜTENSTAND
100 cm

PFLANZENGRÖSSE
18 cm

TOPFGRÖSSE
15 cm

Sanderara Rippon Tor 'Burnham'

Diese Dreigattungshybride entstand durch eine Kreuzung von *Brassia*, *Cochlioda* und *Odontoglossum* und ist nach dem Gründer der berühmten Gärtnerei Sander & Söhne in St. Albans, England, benannt worden. Die ersten Pflanzen dieser Hybridgattung wurden 1937 registriert. Durch den Einfluss von *Brassia* wurden die Sepalen und Petalen schmaler und länger, wodurch sich ein eher offener, sternförmiger Blütenaspekt ergibt. Dadurch erinnert diese Kreuzung sehr stark an die frühen *Odontoglossum*-Hybriden. Bis zu einem Dutzend recht große, attraktive Blüten erscheinen an einem hohen, leicht überhängenden Blütenstand. Die elfenbeinfarbenen Blütenblätter sind mit roten und pinkfarbenen Spritzern bedeckt. Das gelbe Zentrum der Lippe bildet dazu einen hübschen Kontrapunkt. Die Hauptblütezeit liegt im Frühjahr. Die Kultur dieser wüchsigen Pflanze unterscheidet sich nicht von der der übrigen Mitglieder der *Odontoglossum*-Gruppe.

BLÜTE
8 cm

BLÜTENSTAND
50 cm

PFLANZENGRÖSSE
25 cm

TOPFGRÖSSE
15 cm

Oncidium flexuosum

Die gelben Blüten dieser 1821 aus Brasilien eingeführten Naturform sind recht typisch für diese Gattung. Die schmalen Sepalen und Petalen mit ihrem kastanienbraunen Muster aus Flecken und Streifen treten hinter der großen, das Erscheinungsbild der Blüte dominierenden gelben Lippe zurück, die sich ein wenig flatterhaft ausbreitet. Dies führte auch zur Bezeichnung „tanzende Lady", da die Lippe ein wenig an den wehenden Rock einer Tänzerin erinnert, wenn sich die Blüten in einem zarten Lufthauch wiegen. Die kleinen Blüten erscheinen an den Enden eines reich verzweigten Blütenstandes, was den Anschein eines wahren Blütenregens erzeugt. Die Pseudobulben der Pflanze stehen in einigem Abstand zueinander an einem ausgedehnten Rhizom. So kann die Orchidee in ihrem natürlichen Lebensraum leichter an einem Ast oder Stamm nach oben wachsen. In Kultur bereitet dieses Verhalten etwas Schwierigkeiten, da die Pflanze mit jedem Neutrieb aus dem Topf herausklettert. Es ist daher besser, die Pflanze auf einem Stück Korkrinde aufzubinden oder sie im Topf an einem Rindenstück hochklettern zu lassen. Wenn es der Pflanze gut geht, bildet sie ein dichtes Netz von Luftwurzeln, die ebenfalls zum interessanten Erscheinungsbild der Pflanze beitragen. Vor allem im Herbst steht diese Naturform für mehrere Wochen in Blüte.

PFLEGEHINWEIS
Vermeiden Sie Wasserspritzer auf den Blüten, damit sie lange schön bleiben.

BLÜTE
2 cm

BLÜTENSTAND
60 cm

PFLANZENGRÖSSE
20 cm

TOPFGRÖSSE
12 cm

Oncidium Aloha Iwanaga

Durch die Entwicklung eines breiteren Spektrums an Blütenfarben und -formen erfreuen sich *Oncidium*-Hybriden zunehmender Beliebtheit. Diese gelb blühende Hybride stammt aus Hawaii und geht auf die drei Naturformen *Oncidium flexuosum*, *Onc. sphacelatum* und *Onc. varicosum* zurück. All diese Arten zeigen das typische fröhliche Gelb und die gleiche Form und Haltung der Blüte, charakterisiert durch die übergroße, flatterhafte Lippe. Die aus Süd- und Zentralamerika stammenden Naturformen sind in den Liebhabersammlungen selten geworden, aber ihren Einfluss kann man in den aus ihnen gezüchteten Hybriden immer noch deutlich erkennen. Diese hübsche Kreuzung trägt ihre zahlreichen, recht kleinen Blüten an den Enden der reich verzweigten Blütenstände. Die Petalen und Sepalen sind klein und schmal, sie haben an der Basis eine kastanienbraune Punktierung. Die robusten und wüchsigen Pflanzen blühen hauptsächlich im Sommer und sind für warme und kühle Standorte geeignet.

BLÜTE
5 cm

BLÜTENSTAND
100 cm

PFLANZENGRÖSSE
30 cm

TOPFGRÖSSE
15 cm

Brassidium Kathleen Oka

Diese moderne Hybride wurde 1980 auf Hawaii gezüchtet. Sie ist sehr wüchsig und robust. Ihre großen Bulben tragen lange Blätter. Die Blütenstände werden ebenfalls sehr hoch und tragen zahlreiche großblumige Blüten in atemberaubenden Farben. Zu fast jeder Jahreszeit beginnen die ausgereiften Pseudobulben mit der Bildung eines Blütenstandes, und die Blüten halten etwa vier Wochen lang. Die *Brassia*-Eltern trugen zur Blütenform mit den langen, schmalen Blütenblättern bei, während die kräftigen Gelb- und Brauntöne von *Oncidium* stammen. Diese Zweigattungshybride zeigt die ganze Kunst der Züchter, neue Kombinationen an Farben und Formen hervorzubringen. Die Wüchsigkeit und Toleranz macht es möglich, diese Pflanze in fast allen Klimazonen erfolgreich zu kultivieren.

BLÜTE
8 cm

BLÜTENSTAND
70 cm

PFLANZENGRÖSSE
35 cm

TOPFGRÖSSE
18 cm

Oncidium ornithorhynchum

Aus Mexiko und Guatemala stammt diese hübsche Naturform, die heute weltweit sehr häufig kultiviert wird und Elternteil zahlreicher moderner Hybriden ist. Sie wurde 1815 erstmalig beschrieben, gelangte aber erst später in Kultur. Anfangs wurde diese Art nur wenig zur Züchtung eingesetzt. Der Artzusatz *ornithorhynchum* stammt aus dem Griechischen und bedeutet übersetzt Vogelschnabel. Dies bezieht sich darauf, dass vor allem Säule und Anthere an den Kopf einer kleinen Taube erinnern. Bemerkenswert ist vor allem auch der starke Duft, den die zahlreichen kleinen, rosafarbenen Blüten verströmen. Sie stehen dicht an reich verzweigten Blütenständen, jede einzelne ein kleines Kunstwerk. Die Blüte beginnt im Herbst, nachdem die Pflanze das Wachstum der Bulben abgeschlossen und eine kurze Ruhezeit eingelegt hat. Vom Aussehen erinnert die Pflanze an ein *Odontoglossum*, ist aber kleiner und bildet häufig mehr als einen Neutrieb pro Bulbe.

PFLEGEHINWEIS
Mit anderen Odontoglossen kultivieren und vor direkter Sonne schützen.

BLÜTE
2 cm

BLÜTENSTAND
20 cm

PFLANZENGRÖSSE
20 cm

TOPFGRÖSSE
8 cm

Oncidium Sharry Baby 'Sweet Fragrance'

Gewöhnlich dominiert bei den *Oncidium*-Hybriden und Naturformen die Farbe Gelb, aber nicht alle Oncidien sind gelb. Diese hübsche Hybride stammt aus einer anderen Zuchtrichtung aus Hawaii. Ihre Blüten zeigen eine tiefrote Farbe und verströmen einen intensiven Duft nach Schokolade. Diese ungewöhnlichen Eigenschaften tragen zur großen Beliebtheit dieser Pflanze gerade auch bei Amateuren bei. Die hübsche, wohlgeformte Lippe mit einem eingeschnürten Mittelteil und dem breiten Rand ist typisch für die *Oncidium-ornithorhynchum*-Eltern. Die zahlreichen Blüten stehen an den Verzweigungen des Blütenstandes, den man am besten aufrecht mit einem Stab stützt.

BLÜTE
2 cm

BLÜTENSTAND
60 cm

PFLANZENGRÖSSE
25 cm

TOPFGRÖSSE
15 cm

Miltoniopsis vexillaria 'Josephina'

Im Hintergrund der meisten *Miltoniopsis*-Hybriden findet man *Miltoniopsis vexillaria*, eine Naturform, die wohl den größten Einfluss in der Züchtung dieser Gattung hat und die auch bei modernen Hybriden häufig als Elternteil herangezogen wird. Die Art wurde bereits 1867 als *Odontoglossum vexillarium* erstmalig beschrieben, gelangte aber erst ab 1872 in Kultur und wurde als das „scharlachrote *Odontoglossum*" bezeichnet. Die einzigartigen zart pastellrosa gefärbten Blüten mit ihren ausgebreiteten großen Lippen stehen an einem sanft überhängenden Blütenstand. Sie blühen im Frühsommer, verbreiten einen zarten Duft und halten etwa drei Wochen lang. Heute sind diese Pflanzen seltene Sammlerstücke, die wegen ihrer natürlichen Schönheit geschätzt werden. In spezialisierten Gärtnereien gehören sie zum Bestand der Mutterpflanzen und werden immer noch in der Zucht verwendet.

BLÜTE
10 cm

BLÜTENSTAND
23 cm

PFLANZENGRÖSSE
30 cm

TOPFGRÖSSE
10 cm

Miltoniopsis St. Helier 'Plum'

'Plum' ist einer der farbintensiven Klone aus der St.-Helier-Zuchtlinie der Eric Young Foundation auf Jersey. Hier zeigt sich die Variationsbreite, die zwischen verschiedenen Klonen einer Hybride bestehen kann (siehe zum Vergleich 'Pink Delight' auf Seite 88). Die Hybride entstand 1989, und dies ist einer der besten Klone. Er zeigt ein exquisites flächiges Farbmuster in der Blütenmitte. Jeder Sämling einer neuen Hybride zeigt ein individuelles Farbmuster, das sich von dem der Geschwister unterscheidet. Nur die besten Klone werden ausgewählt, um durch Meristemvermehrung in größerer Stückzahl produziert zu werden. Auf diese Weise können die besten Orchideen weltweit zugänglich gemacht werden.

BLÜTE
10 cm

BLÜTENSTAND
23 cm

PFLANZENGRÖSSE
30 cm

TOPFGRÖSSE
10 cm

Miltonia spectabilis

Die Gattung *Miltonia* ist eng mit *Miltoniopsis* verwandt. Die Blüten sind meist etwas kleiner und weniger bunt, werden aber ebenfalls von der großen Lippe mit ihrer attraktiven Zeichnung dominiert. Diese 1837 erstmals aus Brasilien eingeführte Naturform zeigt als gattungstypisches Merkmal die einzeln stehenden Blüten. Außerdem fehlt hier der zarte Duft der *Miltoniopsis*. Tatsächlich wurden die Pflanzen beider Gattungen zunächst unter der Sammelgattung *Miltonia* zusammengefasst, bis die aus den Andenregionen stammenden Pflanzen in die Gattung *Miltoniopsis* überführt wurden und nur die brasilianischen Arten in *Miltonia* verblieben. Obwohl diese beiden Gattungen so eng verwandt sind, gibt es keine Hybriden zwischen ihnen.

BLÜTE
10 cm

BLÜTENSTAND
10 cm

PFLANZENGRÖSSE
15 cm

TOPFGRÖSSE
10 cm

Miltassia Cairns

Diese 1991 gezüchtete Hybride überzeugt durch ihre großen Blüten mit dem kräftigen Farbmuster aus reichem Rot und Violett. Die Elterngattungen sind *Miltonia* und *Brassia*. Erstere trug die außergewöhnliche Färbung bei, während sich der Einfluss der zweiten Gattung in den schmalen, verlängerten Petalen und Sepalen äußert. Die sternförmigen Blüten stehen allein oder zu zweit an einem kräftigen Blütenstand oberhalb der Blätter. Sie zeigen sich im Sommer und halten etwa fünf Wochen. Die Pflanzen erinnern an *Odontoglossum*, sind aber kräftiger und größer. Zwei Blütenstände pro Pseudobulbe sind nichts Ungewöhnliches. Unter temperierten Bedingungen gedeihen die Pflanzen sehr gut an einem halbschattigen Standort. Man sollte darauf achten, dass die Pflanzen nicht zu hell stehen, da sonst Blattschäden die Folge sein können.

BLÜTE
8 cm

BLÜTENSTAND
35 cm

PFLANZENGRÖSSE
30 cm

TOPFGRÖSSE
20 cm

Miltoniopsis Cindy Kane × Beethoven

Dieser zurückhaltend gefärbte Klon zeigt auf den Sepalen eine zarte Aderung und auf den Petalen einen leichten rosafarbenen Hauch. Die Lippe trägt ein delikates Wasserfallmuster. Es geht zurück auf den Einfluss von *Miltoniopsis phalaenopsis* und wurde vielfach über Generationen hinweg durch Selektion verstärkt. Dieses spezielle Farbmuster, das vor allem bei rosa oder roten Kreuzungen vorkommt, ist sehr gesucht, aber nicht leicht zu finden. Für Hybriden, die eine solche Färbung zeigen, muss man häufig etwas tiefer in die Tasche greifen. Diese spezielle Hybride hat noch keinen eigenen Namen und trägt daher die Namen der Kreuzungspartner.

Miltoniopsis St. Helier 'Pink Delight'

Dieser bezaubernde Klon von *Mps.* St. Helier ist ein weiteres gutes Beispiel für den Variantenreichtum dieser aus Jersey stammenden Hybride. Die lange haltenden Blüten zeigen im Frühjahr ein zartes Farbspiel aus hellem Pink mit dunklerer Aderung. Die besonders große Lippe schmückt ein klares schmetterlingsartiges Muster, das mit deutlichem, weißem Rand abgesetzt ist. Diese wunderschöne ausgewogene Hybride stammt aus der Eric Young Foundation in Jersey, seit den 1970er-Jahren eine der führenden Institutionen für die Züchtung mit dieser Gattung.

BLÜTE
10 cm

BLÜTENSTAND
23 cm

PFLANZENGRÖSSE
30 cm

TOPFGRÖSSE
10 cm

BLÜTE
10 cm

BLÜTENSTAND
23 cm

PFLANZENGRÖSSE
30 cm

TOPFGRÖSSE
10 cm

Miltoniopsis Mrs. J. B. Crum 'Chelsea' FCC/RHS

Es gibt zahlreiche rote *Miltoniopsis*-Hybriden, aber nur wenige zeigen einen solchen Farbenreichtum wie dieser außergewöhnliche Klon. Die ganze Blüte hat ein seidiges Erscheinungsbild, das von den weißen Rändern um die Lippe herum betont wird. Es handelt sich um eine ältere Hybride aus dem Jahr 1931 aus der Zuchtlinie von *Mps.* Lyceana 'Stampland' (siehe Seite 90). Im folgenden Jahr erhielt sie von der Royal Horticultural Society das First Class Certificate, eine der höchsten Auszeichnungen in der Orchideenbewertung. Leider sind die Blüten sehr empfindlich und können z.B. von Spritzwasser geschädigt werden. Die im Frühjahr erscheinenden Blüten besitzen oft eine höhere Qualität als die der zweiten Blüte im Herbst, obwohl eine zweite Blüte sicher willkommen ist.

BLÜTE
10 cm

BLÜTENSTAND
23 cm

PFLANZENGRÖSSE
30 cm

TOPFGRÖSSE
10 cm

Miltonia clowesii

Diese Naturform besitzt die für ihre Gattung typischen sternförmigen Blüten mit der geigenförmigen Lippe. Die Blüten stehen in größeren Abständen an langen Blütenständen und sind kräftig gefärbt. Sie haben eine wachsartige Textur und verströmen einen leichten Duft. Hauptblütezeit sind Spätsommer und Herbst. *Miltonia clowesii* ist seit 1839 in Kultur. Die Art wurde nahe Rio de Janeiro in Brasilien gefunden und an Reverend John Clowes in Manchester verschickt, nach dem sie auch benannt ist. Sie bildet Pseudobulben von bescheidener Größe mit schlanken Blättern und erinnert im Aussehen an ein *Odontoglossum*.

PFLEGEHINWEIS
Die Eigenschaften zeigen sich am besten, wenn man die Pflanzen zu großen Exemplaren heranwachsen lässt.

BLÜTE
5 cm

BLÜTENSTAND
60 cm

PFLANZENGRÖSSE
30 cm

TOPFGRÖSSE
15 cm

Miltoniopsis Lyceana 'Stampland' FCC/RHS

Die große Lippe mit der klaren Maske und der kontrastreichen Zeichnung stellt sicher den attraktivsten Teil dieser zweifarbigen Stiefmütterchenorchidee dar. Diese ältere Hybride wurde 1925 in der bekannten Gärtnerei Charlesworth & Co. in Haywards Heath, Surrey, England gezüchtet. In jener Zeit wurden Hunderte von Kreuzungen mit nur sehr wenigen Eltern-Arten wie *Miltoniopsis vexillaria* und *Miltoniopsis roezlii* gemacht, die aber teilweise zu so herausragenden Hybriden wie dieser *Miltoniopsis* Lyceana führten. Der Klon 'Stampland' erhielt sein First Class Certificate 1926 und wurde zum Maßstab für spätere Generationen.

BLÜTE
10 cm

BLÜTENSTAND
23 cm

PFLANZENGRÖSSE
30 cm

TOPFGRÖSSE
10 cm

Miltoniopsis Nancy Binks

Die Lippe dieser hübschen Kreuzung von Dr. Jim Binks schmückt ein auffallendes Muster, das an ein Samtkissen erinnert. Das Kirschrot der Petalen kontrastiert wunderbar mit der weißen Grundfarbe. Diese Hybride stammt aus neuerer Zeit. Sie wurde 1985 registriert und zeigt, dass auch Hobbyzüchter Pflanzen mit einer Qualität züchten können, die der von kommerziellen Züchtern in nichts nachsteht. Die Blüten wirken am besten, wenn man den Blütenstand in natürlicher Weise herabhängen lässt.

BLÜTE
10 cm

BLÜTENSTAND
23 cm

PFLANZENGRÖSSE
30 cm

TOPFGRÖSSE
10 cm

BLÜTE
10 cm

BLÜTENSTAND
23 cm

PFLANZENGRÖSSE
30 cm

TOPFGRÖSSE
10 cm

Miltoniopsis Eureka

Diese hübsche, klar gelb gefärbte *Miltoniopsis* gehört zu einer Zuchtlinie, die eine andere Farbgebung zum Ziel hat und so mit den roten und rosafarbenen Hybriden konkurrieren kann. Mit den weichen gelben Buttertönen ragt diese Kreuzung aus der Masse heraus. Sie stammt aus Amerika und wurde 1980 gezüchtet. Sie geht auf *Mps.* Emotion zurück, einer lachsfarbenen Hybride mit *Mps. vexillaria* im Hintergrund. Aus *Mps.* Emotion wurde in Frankreich eine der bemerkenswertesten gelben Hybriden gezüchtet: *Mps.* Alexandre Dumas, die ein Elternteil dieser *Mps.* Eureka ist. Selbst Pflanzen mit bescheidener Größe können zweimal im Jahr blühen und belohnen so die geringe Mühe, die ihre Pflege macht. Man sollte darauf achten, dass die Pflanzen während der Blüte nicht zu hell stehen, damit sie möglichst lange halten.

Miltoniopsis Zoro × Saffron Surprise

Bei dieser zartgelben Blüte bilden eine rotbraune Lippenmaske und ein leichter „Fingerabdruck" auf jeder Petale ein Farbmuster von außergewöhnlicher Qualität. Auf diese Weise wurde eine neue Dimension der Färbung bei den *Miltoniopsis*-Hybriden erreicht. Da Gelb nicht zu den dominanten Farben der Gattung gehört, sind gelb blühende Hybriden sehr selten. Es kommt häufig vor, dass die gelben Töne nach dem Öffnen der Blüte rasch verblassen. Vor allem in den USA wurden durch sorgfältige Auswahl von *Miltoniopsis-vexillaria*-Klonen mit gelber Grundtönung diese Farbe mehr und mehr vertieft und stabilisiert. Ihren besonderen Charme zeigen diese Hybriden, wenn man sie über mehrere Jahre hinweg ungeteilt zu großen Solitären heranwachsen lässt. Dann entsteht ein beeindruckender Anblick, da die Pflanze immer mehrere Neutriebe bildet, die ihre Blütenstände häufig über einen längeren Zeitraum hin entwickeln und so die Blütezeit erheblich ausdehnen können.

BLÜTE
10 cm

BLÜTENSTAND
23 cm

PFLANZENGRÖSSE
30 cm

TOPFGRÖSSE
10 cm

Miltoniopsis Robert Strauss 'White Flag'

Nur sehr wenige Hybriden zeigen ein so reines Weiß wie diese hier, die mit ihrer gelben Maske und der roten Zeichnung besonders hervorsticht. Von dieser Hybride haben mehrere herausragende Klone hohe Auszeichnungen gewonnen, ein Ergebnis des gleichbleibend hohen Standards der *Miltoniopsis*-Züchtung in den 1980er-Jahren in England. Die herausragende Qualität von 'White Flag' zeigt sich in der harmonischen Form der Lippe und im ausgewogenen Größenverhältnis der einzelnen Blütenbestandteile. Eine ausgewachsene Pflanze trägt an jeder Rispe vier bis sechs große Blüten und nicht selten zwei Blütenstände pro Pseudobulbe.

BLÜTE
10 cm

BLÜTENSTAND
23 cm

PFLANZENGRÖSSE
30 cm

TOPFGRÖSSE
10 cm

Coelogyne Memmoria William Micholitz 'Burnham' AM/RHS

Dieser wundervoll gefärbte Klon zeigt eine leicht glitzernde Textur auf den weißen Petalen und Sepalen und ein fast greifbares Gold in der Lippe. Diese herausragende Hybride stammt aus einer Gattung, in der nur wenige bemerkenswerte Kreuzungen hervorgebracht wurden. Die Eltern sind *Coelogyne mooreana* und *Coel. lawrenceana*. Die Hybride wurde zu Ehren des deutschen Orchideensammlers William Micholitz benannt, der die beiden Arten entdeckt hat. Er lebte im 19. Jahrhundert und ihm verdankt die Orchideenwelt zahlreiche neue Pflanzen. Dieser Klon wächst zu einer großen Pflanze mit kräftigen, leicht kegelförmigen Pseudobulben mit jeweils einem Paar großer, mittelgrüner Blätter heran. Die Blütezeit erstreckt sich vom Frühling bis in den Frühsommer hinein. Jeder Blütenstand trägt bis zu sechs große Blüten.

BLÜTE
9 cm

BLÜTENSTAND
30 cm

PFLANZENGRÖSSE
45 cm

TOPFGRÖSSE
18 cm

Coelogyne barbata

Die ersten Pflanzen dieser groß werdenden Pflanze wurden 1878 aus den Khasa Hills in Nordindien importiert und erfreuten sich bald großer Beliebtheit. Die eiförmigen Pseudobulben tragen jeweils ein Paar dunkelgrüner, schmal-ovaler Blätter. Der Blütenstand entspringt zwischen den Blättern der noch wachsenden Bulben. Wenn diese ausreifen, entwickeln sich die Knospen und die Pflanze blüht im Winter. Die Blüten zeigen einen Kontrast zwischen dem glitzernden Weiß der Sepalen und Petalen und dem dunklen Braun der bärtigen Lippe, die einen Rand aus schwarzen Fransen und Haaren trägt. Die Blüten öffnen sich nacheinander entlang des Blütenstands, wobei die Erste immer noch frisch ist, wenn sich die Letzte öffnet. Alle im Handel befindlichen Pflanzen stammen aus künstlicher Nachzucht, da Naturentnahmen für den Export in Indien nicht mehr erlaubt sind.

PFLEGEHINWEIS
Es darf niemals Wasser in den Blatttrichter des Neutriebs gelangen.

BLÜTE
5 cm

BLÜTENSTAND
30 cm

PFLANZENGRÖSSE
30 cm

TOPFGRÖSSE
18 cm

BLÜTE
9 cm

BLÜTENSTAND
25 cm

PFLANZENGRÖSSE
45 cm

TOPFGRÖSSE
18 cm

Coelogyne mooreana 'Brockhurst' FCC/RHS

Coelogyne mooreana wurde erst 1906 in Vietnam entdeckt. Sie wurde nach Herrn F. W. Moore von den Glasnevin Botanic Gardens in Dublin benannt. Es ist eine der größten Arten der Gattung. Die spektakulären Blüten zeigen ein reines Weiß auf den breiten Sepalen und Petalen und der ähnlich geformten Lippe, die zusätzlich eine Reihe tiefgelb gefärbter Kämme trägt. Der Klon 'Brockhurst' ragt besonders heraus und erhielt sein First Class Certificate 1906. Die schöne Pflanze bildet kegelförmige Pseudobulben mit jeweils einem Paar hellgrüner, länglich ovaler Blätter. Man sollte durch regelmäßiges Gießen die Bulben immer prall und gesund halten. Die große, wüchsige Pflanze fühlt sich in einem Gewächshaus ebenso wohl wie an einem hellen Standort im Haus.

Coelogyne fuscescens

Die Gattung *Coelogyne* deckt ein breites Spektrum an Pflanzengrößen ab. Am unteren Ende dieser Skala findet man hübsche zwerghafte Arten wie *Coelogyne fuscescens*. Diese kleinen Arten sind wunderbar für die Kultur auf der Fensterbank geeignet, wo sie niemals zu groß werden können. Die aus Indien und Nepal stammende Art wurde 1830 erstmalig beschrieben. Die eiförmigen Pseudobulben tragen ein Paar Blätter, zwischen denen die kurzen einblütigen Blütenstände entspringen. Die gelbbraunen Blüten haben eine dunkel gezeichnete Lippe. Eine gut kultivierte Pflanze bedeckt den gesamten Topf und ist im Herbst mit Blüten geradezu übersät. Es gibt eine Reihe ähnlicher Arten, und es ist interessant, einige gemeinsam als Gruppe zu kultivieren.

PFLEGEHINWEIS
Wenn der Platz knapp wird, kann man diese Pflanzen gut in kleinere Teilstücke teilen.

BLÜTE
3 cm

PFLANZENGRÖSSE
30 cm

TOPFGRÖSSE
5 cm

Prosthechea brassavolae

Eine Gruppe unter den *Prosthechea* trägt spinnenartige Blüten an einem aus der Spitze der länglichen Pseudobulben entspringenden Blütenstand. Eine der farbenprächtigsten Arten aus dieser Gruppe ist *Prosthechea brassavolae*. Diese Naturform besitzt lange, schlanke Pseudobulben mit zwei schmal-ovalen Blättern und stammt aus Mittelamerika. Der aufrechte Blütenstand trägt bis zu einem Dutzend hellgrüne Blüten mit einer weißen Lippe, deren auslaufende Spitze violett geadert ist.

Die lange haltenden Blüten zeigen sich im Sommer. Im Topf neigen die Pseudobulben dazu, kreuz und quer zu wachsen. Daher kultiviert man sie besser in einem hängenden Lattenkörbchen, das sie vollkommen umwachsen können.

PFLEGEHINWEIS
Am besten gedeiht diese Pflanze in einem Lattenkörbchen im Giebel eines Gewächshauses.

BLÜTE
4 cm

BLÜTENSTAND
25 cm

PFLANZENGRÖSSE
30 cm

TOPFGRÖSSE
15 cm

Prosthechea Sunburst

Dies ist eine der wenigen Hybriden innerhalb der Gattung *Prosthechea*. Die Eltern sind die kräftig gefärbte *Prosthechea vitellina* (siehe Seite 103) und die stark duftende *Psh. radiata* (siehe Seite 103). Diese Hybride wurde von Herrn E. Iwanaga 1962 auf Hawaii gezüchtet. Wenn sie sich öffnen, zeigen sie eine delikate aprikosenfarbene Schattierung, die sich im Laufe der Zeit in einen zarten cremefarbenen Ton verwandelt.

BLÜTE
3 cm

BLÜTENSTAND
15 cm

PFLANZENGRÖSSE
15 cm

TOPFGRÖSSE
10 cm

Encyclia alata

Diese Naturform stammt hauptsächlich aus Mexiko und Honduras und kommt dort in den Wäldern bis in Höhenlagen von 1000 m vor. Typisch für diese Gattung sind ihre harten, kegelförmigen Pseudobulben mit jeweils zwei bis drei langen ledrigen Blättern. Der Blütenstand besteht aus zahlreichen sehr variabel gefärbten Blüten, die aber meist eine gelblich grüne Grundfarbe auf den gleich großen Petalen und Sepalen aufweisen. Die Lippe ist meist heller und trägt eine violette Zeichnung.

PFLEGEHINWEIS
Für die optimale Blütenentwicklung braucht diese Art sehr viel Helligkeit.

BLÜTE
2 cm

BLÜTENSTAND
30 cm

PFLANZENGRÖSSE
18 cm

TOPFGRÖSSE
12 cm

Prosthechea lancifolia

Diese hübsche, stark duftende Naturform stammt aus Mexiko. Sie gehört zu einer Gruppe von Arten, deren Hauptmerkmal eine nach oben gerichtete muschelförmige Lippe ist. Die länglichen Sepalen und Petalen hängen unterhalb der Lippe herab. Sie erinnern damit ein wenig an bestimmte Pilze bzw. kleine Tintenfische. Die kompakte Pflanze besitzt kurze keulenförmige Pseudobulben mit je einem Paar hellgrüner Blätter. Der aufrechte Blütenstand entspringt zwischen den Blättern. Wenn man eine kompakte Pflanze mit interessanten Blüten für die Fensterbank sucht, hat man hier die ideale Orchidee gefunden. Sie gedeiht und blüht mit großer Leichtigkeit bei einem minimalen Pflegeaufwand.

BLÜTE
2 cm

BLÜTENSTAND
15 cm

PFLANZENGRÖSSE
18 cm

TOPFGRÖSSE
12 cm

Prosthechea cochleata

Zahlreiche Mitglieder der Gattung *Prosthechea* besitzen Blüten, deren Lippen nach oben zeigen, was im Vergleich zu den meisten anderen Orchideen eher ungewöhnlich erscheint. So ist es auch bei dieser als Muschelorchidee bekannten *Psh. cochleata*. Man nennt sie auch Oktopusorchidee, da ihre Blüten mit den langen bandförmigen Sepalen und Petalen an kleine Tintenfische erinnern. Dies ist die erste tropische epiphytische Orchidee, die in England in den Royal Botanic Gardens in Kew 1763 zur Blüte kam. Die Blüten öffnen sich nacheinander, sodass sich die Blütezeit je nach Größe der Pflanze über Wochen oder Monate erstrecken kann. Es handelt sich hier um eine ideale Anfängerorchidee, da auch schon sehr junge Pflanzen zur Blüte kommen können. Große, ausgewachsene Pflanzen können fast das ganze Jahr hindurch in Blüte stehen.

BLÜTE
3 cm

BLÜTENSTAND
15 cm

PFLANZENGRÖSSE
30 cm

TOPFGRÖSSE
12 cm

Prosthechea radiata

Hier haben wir eine andere sehr kulturwürdige Art. Sie bildet schlanke Pseudobulben mit jeweils einem mittelgrünen Blattpaar, zwischen dem der aufrechte Blütenstand entspringt. Er trägt bis zu einem Dutzend lustig aussehender Blüten. Sie besitzen einen starken Duft, der bei einer kräftigen Pflanze den ganzen Raum erfüllen kann. Die Heimat dieser Pflanze liegt in Guatemala, Honduras und Mexiko. Sie ist sehr wüchsig und kann schnell zu einem großen Solitär heranwachsen, der nur selten einmal ein Blatt verliert und somit für viele Jahre gut aussehen kann. Man braucht die Pflanze nicht zu teilen, es sei denn, man möchte sie so vermehren. Die Blütezeit liegt im Sommer, die Blüten halten sehr lange.

PFLEGEHINWEIS
Vermeiden Sie Wasserspritzer auf den Blüten, damit sie lange schön bleiben.

BLÜTE
2 cm

BLÜTENSTAND
10 cm

PFLANZENGRÖSSE
18 cm

TOPFGRÖSSE
12 cm

Prosthechea vitellina

Diese Art besitzt mit ihren zinnoberroten Blüten eine für die Gattung sehr ungewöhnliche Färbung. Die ovalen Sepalen und Petalen sind in etwa gleich groß. Die orangefarbene, entenschnabelförmige Lippe hebt sich deutlich davon ab. Der aufrechte Blütenstand trägt vom Spätsommer bis in den Herbst hinein bis zu einem Dutzend Blüten. Die aus Mexiko stammende Pflanze wurde 1833 erstmalig beschrieben und erfreut sich seitdem unter den Liebhabern einer ungebrochenen Popularität. Es gibt nur sehr wenige Hybriden und diese haben meist nicht die kräftige Färbung geerbt, die ihre Eltern so begehrenswert macht.

BLÜTE
2 cm

BLÜTENSTAND
10 cm

PFLANZENGRÖSSE
15 cm

TOPFGRÖSSE
8 cm

Dendrobium infundibulum

Diese schöne Naturform wurde 1859 aus Burma eingeführt. Ihre hohen, stammartigen Bulben tragen einen Flaum schwarzer Haare. Auch die im zeitigen Frühjahr erscheinenden Knospen und ihre Hüllblätter zeigen diesen dunklen Flaum. Sie stehen zu dritt oder viert an kurzen Blütenständen, die jeweils gegenüber einem Blatt aus dem Stamm entspringen. Die Blüten besitzen eine zarte, papierartige Textur und sind von reinem Weiß, nur im Zentrum der Lippe zeigt sich eine goldgelbe Zeichnung. Die Blüten variieren in ihrer Form von rund bis eher sternförmig. Diese Art gehört zu denen, die sich relativ leicht kultivieren lassen. Während der Wachstumszeit im Sommer benötigt sie reichlich Licht und Wasser. Obwohl es meist die neuen Pseudobulben sind, die Blüten tragen, können auch die alten Bulben über viele Jahre hinweg aus schlafenden Vegetationspunkten neue Blütenstände entwickeln.

BLÜTE
10 cm

PFLANZENGRÖSSE
45 cm

TOPFGRÖSSE
12 cm

Dendrobium senile

Diese hübsche zwergenhafte Art stammt aus Thailand. Die länglichen Pseudobulben sind von dichten weißen Haaren bedeckt, die einen Schutz vor Verdunstung darstellen und an denen nächtlicher Tau kondensieren kann. Die wachsartigen Blüten stehen einzeln oder paarweise an kurzen Blütenständen, die aus den Blattachseln entspringen. Sie verströmen einen delikaten Duft und blühen im Frühjahr über mehrere Wochen hinweg. Sie besitzen eine leuchtend gelbe Farbe und ein grünliches Zentrum auf der Lippe. Die Blütenform ist typisch für zahlreiche Arten aus Indien und dem Fernen Osten. Gewöhnlich verlieren die Neutriebe ihre Blätter spätestens im zweiten Jahr. Es kann passieren, dass die Pflanze während der winterlichen Ruheperiode völlig blattlos ist.

PFLEGEHINWEIS
Während der Ruhezeit im Winter sollte die Pflanze möglichst hell stehen und nicht gegossen werden.

BLÜTE
4 cm

PFLANZENGRÖSSE
10 cm

TOPFGRÖSSE
5 cm

Dendrobium Superstar Champion

Diese sehr dekorative Pflanze gehört einem modernen Typus der *Dendrobium-nobile*-Hybriden an. Die Pflanzen sind in der Handhabung etwas einfacher, da ihre Pseudobulben eher stämmig sind. Während der Sommermonate bilden diese wuchsstarken Pflanzen kräftige Pseudobulben. Im Winter während der Ruhezeit benötigen sie sehr wenig Wasser, sodass man die Pflanzen nur gießen sollte, wenn die Bulben zu schrumpfen drohen. Den Frühling begrüßt die Pflanze dann mit zahlreichen Knospen entlang der neu gebildeten Stämme. Die Blüten werden die Pflanze später fast vollständig verdecken. Das Farbspektrum reicht von Weiß über Gelb bis zu Pink und allen Rot- und Violettschattierungen. Die Lippe bildet mit ihrem Farbmuster einen attraktiven Kontrast zu den Sepalen und Petalen.

BLÜTE
6 cm

PFLANZENGRÖSSE
45 cm

TOPFGRÖSSE
15 cm

Dendrobium Oriental Paradise

Die Hybriden auf dieser Seite gehen alle auf eine Art zurück: *Dendrobium nobile*. Daher werden sie oft als „*nobile*-Typ" bezeichnet. Sie besitzen große runde Blüten, die durch eine kreisförmige Lippe gekennzeichnet sind. Das grenzenlose Farbspektrum reicht von Weiß, Gelb und Rosa über alle Schattierungen von Rot bis zu Violett. Da der Variantenreichtum so groß ist, sollte man diese Pflanzen am besten nur in Blüte kaufen, um keine negativen Überraschungen zu erleben und um die Farbkombination zu bekommen, die man gern haben möchte. Aufgrund der großen Vielfalt kann man eine ganze Sammlung nur aus diesen Hybriden aufbauen.

BLÜTE
6 cm

PFLANZENGRÖSSE
45 cm

TOPFGRÖSSE
15 cm

Dendrobium Lucky Seven

Diese Hybride demonstriert die Farbtiefe, die mit den *nobile*-Dendrobien zu erreichen ist. Nur durch umsichtige Selektion lässt sich das volle Potenzial dieser Gruppe entwickeln. Das Zentrum der Lippe wird durch eine fast schwarze Scheibe belebt, die als Anziehungspunkt für die bestäubenden Insekten dient. Die im Frühjahr erscheinenden Blüten besitzen eine rundere Form als sonst in der Gattung üblich, da die Petalen und Sepalen breiter und rundlicher sind. Auch der Blütendurchmesser wurde durch sorgfältige Selektion der Eltern über mehrere Generationen hinweg vergrößert. Obwohl die Naturformen, auf die diese Hybride zurückgeht, laubabwerfend sind, behält *Den.* Lucky Seven ihre Blätter meist über Jahre hinweg, wodurch auch die Neutriebe in ihrem Wachstum besser unterstützt und versorgt werden. Die älteren abgeblühten und blattlosen Triebe können zur vegetativen Vermehrung genutzt werden, indem man sie von der Pflanze abtrennt (siehe auch Seite 217).

BLÜTE
6 cm

PFLANZENGRÖSSE
45 cm

TOPFGRÖSSE
15 cm

Dendrobium nobile var. *cooksonii*

Diese farbenprächtige Varietät von *Den. nobile* zeigt neben dem arttypischen rosa bis violetten Farbspektrum eine Wiederholung des Farbmusters der Lippe auf den Petalen. Diese bei Orchideen ungewöhnliche, aber nicht völlig unbekannte Erscheinung wird als Pelorie bezeichnet und kann unterschiedliche Formen annehmen. Manchmal übernimmt die Lippe das Farbmuster der Petalen, in diesem Fall ist es umgekehrt. Der Versuch, diese Mutation gezielt weiterzuzüchten, ist meist nur begrenzt erfolgreich. Diese gärtnerisch interessante Varietät wurde in einer Lieferung an den bekannten Sammler Norman C. Cookson gefunden, der die Pflanze kultivierte und sie erstmalig 1885 der Öffentlichkeit vorstellte. Alle in Kultur befindlichen Exemplare gehen auf Teilstücke dieser einen Pflanze zurück. Dieses *Dendrobium* kann über die ganze Länge seiner Neutriebe Blüten tragen, aber eine solche Blütenfülle verlangt etwas gärtnerisches Geschick. Während der Wintermonate braucht die Pflanze eine ausgeprägte Ruhezeit. Beginnt man mit dem Gießen, bevor die Knospen ihre Entwicklung abgeschlossen haben, bilden sich statt Blüten nur Kindel.

BLÜTE
5 cm

PFLANZENGRÖSSE
45 cm

TOPFGRÖSSE
15 cm

Dendrobium Tancho Queen

Hier haben wir ein weiteres Beispiel der großen farblichen Variabilität der *Dendrobium-nobile*-Hybriden. Diese neue Kreuzung zeigt eine Kombination von reinem Weiß in den Sepalen und Petalen und einem blutroten Zentrum in der Lippe. Die Blüten stehen an kurzen Blütenständen, die beiderseits der langen Neutriebe aus den Knoten entspringen, aus denen auch die Blätter gebildet werden. Wegen der feinen Wurzeln sollte man so kleine Töpfe wie möglich wählen. Dadurch werden die Pflanzen aber vor allem in der Blütezeit schnell kopflastig. Damit die Töpfe nicht umfallen, kann man sie in größere standfeste Behälter stellen, die aber unbedingt ein Loch am Boden haben müssen, damit das Wasser abfließen kann.

BLÜTE
6 cm

PFLANZENGRÖSSE
45 cm

TOPFGRÖSSE
15 cm

Dendrochilum magnum

Diese kühl zu kultivierende Naturform stammt aus Malaysia und von den Philippinen. Sie blüht im Herbst und möchte das ganze Jahr über gleichmäßig gegossen werden. Es gibt zahlreiche Arten in der Gattung *Dendrochilum*. Einige besitzen weiße Blüten und werden als Silberkettenorchideen bezeichnet. Diese hier mit ihren hellgelben Blüten ist als Goldkettenorchidee bekannt. Die stark duftenden Blüten stehen an einem sehr langen, schlanken und elegant überhängenden Blütenstand, der aus der Basis der Pseudobulben entspringt. Sie erscheinen im Herbst und halten etwa drei Wochen lang. Bis zu 80 Einzelblüten stehen einander in zwei langen Reihen gegenüber. Häufig ist der Blütenstand in sich gedreht und die Blütenreihen ergeben ein spiraliges Bild. Eine große Pflanze kann sehr viele Blütenstände ausbilden. Die Pseudobulben sind relativ klein und tragen ein einzelnes Blatt. Alle Arten dieser Gattung erfreuen sich großer Beliebtheit und sind lohnende Zimmerpflanzen. Die erste Art dieser Gattung wurde 1825 beschrieben.

PFLEGEHINWEIS
Spritzwasser auf den Blättern führt häufig zu Blattflecken.

BLÜTE
1 cm

BLÜTENSTAND
75 cm

PFLANZENGRÖSSE
30 cm

TOPFGRÖSSE
8 cm

Pleione speciosa

Seit 1914 ist diese zweifelsfrei farbenprächtigste Art der beliebten Gattung *Pleione* in Kultur. Die Blüten sind meist hell magentafarben, wobei die Farbtiefe stark variieren kann. Ursprünglich war nur ein einziger Klon bekannt, aber in jüngerer Zeit wurden auch andere Pflanzen dieser Art aus ihrer Heimat in China eingeführt. Sie hat sich als guter Kreuzungspartner erwiesen und eine Reihe sehr schöner Hybriden mit einem breiten Farbspektrum hervorgebracht. Dies hat sehr zur Beliebtheit dieser kleinen Edelsteine beigetragen, die sich leicht auf der Fensterbank kultivieren lassen. *Pln. speciosa* ist mit den ausgebreiteten Petalen und Sepalen und der reich gefärbten Lippe charakteristisch für die ganze Gattung. Die herrlich gemusterte Lippe zeigt gelbe Streifen und rote Flecken. Normalerweise trägt jeder Blütenstand nur eine einzelne Blüte, gelegentlich aber auch zwei. Jede Blüte hält etwa zehn Tage lang.

BLÜTE
6 cm

BLÜTENSTAND
10–15 cm

PFLANZENGRÖSSE
12 cm

TOPFGRÖSSE
5 cm

Pleione Shantung 'Ridgeway' AM/RHS

Diese schöne aprikosenfarbene Hybride entstammt der Kreuzung der bekannten *Pleione formosana*, die rosa und weiße Blüten besitzt, und der eher unbekannten *Pln.* × *confusa*, die als Naturhybride aus *Pln. albidiflora* und *Pln. forrestii* auf die einzige Art der Gattung zurückgeht, die gelbe Blüten hat. *Pleione forrestii* wurde 1904 von George Forrest in Südwestchina gesammelt. Bis vor Kurzem war nur ein einziger Klon in Kultur, der auf eben diese eine Pflanze zurückging. In den 1970er-Jahren wurden weitere Klone importiert. Erst jetzt zeigten sich die züchterischen Qualitäten dieser Art. So entstanden Hybriden wie diese 1977 registrierte *Pln.* Shantung. Die Färbung liegt in der Mitte zwischen dem leuchtenden Gelb der *Pln.* × *confusa* und dem zarten Rosa der *Pln. formosana*.

BLÜTE
8 cm

BLÜTENSTAND
15–20 cm

PFLANZENGRÖSSE
15 cm

TOPFGRÖSSE
10 cm

Pleione Etna

Diese Primärhybride wurde 1979 in England gezüchtet. Die Eltern sind zwei aus China stammende, eng verwandte Arten: *Pleinone speciosa* und *Pln. limprichtii*. Beide Arten sehen einander sehr ähnlich und daher ist auch *Pln.* Edna auf den ersten Blick kein großer Fortschritt. Jedoch verbindet diese Hybride das lebhafte Farbenspiel der Elternarten mit einer ungewöhnlichen Wüchsigkeit. Außerdem besitzen die unterschiedlichen Klone dieser Hybride eine große Variabilität, die die gesamte Bandbreite zwischen den beiden Arten ausschöpft. Die Blüten sind häufig ein wenig kleiner als bei *Pln. speciosa*. *Pln.* Edna ist zudem die perfekte Anfängerorchidee, da sich bereits aus einer einzigen Pseudobulbe binnen weniger Jahre eine ganze Schale voller Pflanzen bilden kann. *Pln. limprichtii* wurde 1934 entdeckt und ist am Naturstandort im Winter mit Schnee bedeckt.

BLÜTE
6 cm

BLÜTENSTAND
10–15 cm

PFLANZENGRÖSSE
12 cm

TOPFGRÖSSE
5 cm

Pleione fomosana var. *semi-alba*

Dies dürfte wohl die bekannteste *Pleione* sein und auch die einfachste in Kultur. In geschützten Regionen ohne Bodenfrost kann man sie sogar im Garten in speziell vorbereiteten Beeten auspflanzen. Die Art ist eng mit *Pln. speciosa* verwandt und es gibt zahlreiche Hybriden, bei denen beide Arten zusammen verwendet wurden. Da es von *Pln. formosana* viele unterschiedliche Klone mit einer großen Variationsbreite gibt, konnte durch sorgfältige Auswahl eine Gruppe von Hybriden mit einem weit gestreuten Farbspektrum erzeugt werden. Für die besten Klone zahlt man naturgemäß hohe Preise, aber auch die günstigeren haben ihren eigenen Reiz. Dieser spezielle Klon hat glitzernde weiße Sepalen und Petalen und ein gelb-braunes Muster im Schlund der Lippe. Es gibt auch reinweiße Klone ohne jede Zeichnung auf der Lippe. Für *Pln. formosana* ist es nicht ungewöhnlich, auf einem Blütenstand zwei Blüten zu bilden.

PFLEGEHINWEIS
Beim Eintopfen muss man etwas Sorgfalt walten lassen, damit die rasch wachsenden Wurzeln die Bulben nicht aus dem Topf heben.

BLÜTE
6 cm

BLÜTENSTAND
10–15 cm

PFLANZENGRÖSSE
12 cm

TOPFGRÖSSE
5 cm

Brassia Arania Verde

Die Pflanzen der Gattung *Brassia* sind wegen ihrer langen schmalen Sepalen und Petalen auch als Spinnenorchideen bekannt. Die Lippe ist verhältnismäßig groß, aber ebenfalls spitz zulaufend und häufig mit dem gleichen Muster aus Punkten und Flecken versehen. Bis zu zehn Blüten, die einen starken Duft verströmen, stehen in zwei Reihen an einem langen Blütenstand. Sie sind meist grünlich gefärbt und haben ein braunes Bändermuster auf den Sepalen und Petalen. Die Pflanzen erinnern an *Odontoglossum* und besitzen kräftige Pseudobulben mit jeweils einem Paar breit-ovaler Blätter. Die Blüten halten etwa fünf bis sechs Wochen und erscheinen im späten Frühjahr.

BLÜTE
25 cm

BLÜTENSTAND
60 cm

PFLANZENGRÖSSE
50 cm

TOPFGRÖSSE
18 cm

Brassia verrucosa

Die als Spinnenorchideen bekannten *Brassia*-Arten zeichnen sich durch ihre lang gezogenen Sepalen und Petalen aus. Es sind pflegeleichte, interessante Orchideen, die Temperaturen zwischen 10 und 30 °C tolerieren. Sie stammen aus Südamerika, wo sie als Epiphyten leben. Sechs bis acht der stark duftenden Blüten stehen jeweils an einer Rispe. Der Habitus erinnert an kräftige *Odontoglossum*. Mit dieser Gattung sind sie auch eng verwandt und es gibt zahlreiche Hybriden innerhalb der *Odontoglossum*-Gruppe. In den Mehrgattungshybriden verliert sich aber häufig das Merkmal der verlängerten Sepalen und Petalen, wodurch die Hybriden vielfach etwas vom Zauber der Naturformen einbüßen. Die Blüten von *Brassia verrucosa* erscheinen im Frühsommer und halten etwa drei Wochen lang.

BLÜTE	20 cm
BLÜTENSTAND	30 cm
PFLANZENGRÖSSE	20 cm
TOPFGRÖSSE	15 cm

Brassia Rex

Obwohl die Gattung *Brassia* nicht besonders artenreich ist, findet man in fast jeder gemischten Orchideensammlung ein paar Arten oder eine Hybride wie diese *Brassia* Rex. Ihr Markenzeichen sind die spinnenbeinartigen Sepalen und Petalen. Bei dieser Hybride haben sich die Sepalen und Petalen gegenüber den Naturarten noch einmal verlängert. Das kräftige braune Streifen- und Fleckenmuster kontrastiert gut mit der zartgrünen Grundfarbe. Die weiße bis cremefarbene Lippe ist ebenfalls leicht spitz ausgezogen und trägt zahlreiche bräunliche Punkte. Die süßlich duftenden Blüten zeigen sich im Frühsommer. Die im Habitus an *Odontoglossum* erinnernden Pflanzen sind sehr wüchsig. Im Sommer sollte man ihnen einen schattigen Platz geben und sie im Winter so hell wie möglich stellen.

BLÜTE	15 cm
BLÜTENSTAND	30 cm
PFLANZENGRÖSSE	25 cm
TOPFGRÖSSE	18 cm

Trichopilia tortilis

Trichopilia tortillis stammt aus den Regenwäldern Südamerikas. Diese hübsche Pflanze besitzt eiförmige Pseudobulben mit jeweils einem Blatt. Jeder Neutrieb bildet im Frühjahr oder Frühsommer ein oder zwei der großartigen Blüten, die einzeln an schlanken Blütenständen stehen. Die langen bandförmigen Sepalen und Petalen sind korkenzieherartig gedreht, was der Pflanzen den Beinamen Korkenzieherorchidee eingebracht hat. Die trichterförmige Lippe umschließt oben die Säule und öffnet sich weit. Sie ist reinweiß und besitzt ein gelbes Zentrum. Die Pflanzen gedeihen gut im Topf, wegen der hängenden Blüten ist es aber besser, wenn sie auf Korkrinde aufgebunden werden.

BLÜTE
10 cm

PFLANZENGRÖSSE
15 cm

TOPFGRÖSSE
8 cm

Anguloa uniflora

Die Gattung *Anguloa* umfasst nur wenige Arten. Das besondere Kennzeichen ist die mit einem Gelenk versehene Lippe, die sich bei jeder Bewegung hin und her wiegt. Die Blütenblätter formen häufig einen fast geschlossenen Kelch, weshalb die Pflanzen auch als Tulpenorchideen bekannt sind. *Anguloa uniflora* kommt aus Südamerika und wurde 1798 in Peru entdeckt. Sie wächst in den Höhenlagen der Anden. In Kultur blühte sie das erste Mal 1842. Die große, robuste Pflanze besitzt ansehnliche eiförmige Pseudobulben mit mehreren, gefalteten Blättern, die sie im Winter während der Ruhezeit verliert. Im Frühjahr entwickelt sich gleichzeitig mit dem Neutrieb der jeweils nur eine Blüte tragende Blütenstand. Die weißen Blüten haben große Sepalen und Petalen und sind becherförmig. Im Inneren sind die Blüten zart rosa bis kräftig pink punktiert. Im Sommer sollte man die Pflanze leicht schattieren. Ein großes Exemplar wird in einer Wachstumssaison zahlreiche Blüten hervorbringen.

PFLEGEHINWEIS
Im Sommer benötigt diese Pflanze viel Wasser, im Winter sollte man sie aber trocken halten.

BLÜTE
5 cm

PFLANZENGRÖSSE
50 cm

TOPFGRÖSSE
15 cm

Masdevallia Whiskers

Diese zauberhaften und geheimnisvollen kleinen Orchideen gehören zu den charaktervollsten Pflanzen der Orchideenfamilie. Die hübschen, kleinwüchsigen Epiphyten besitzen dicht gedrängt stehende kurze Stängel mit jeweils einem einzelnen Blatt. Der Blütenstiel entspringt der Basis dieses Stängels und trägt einzelne oder mehrere dreieckig geformte Blüten. Die großen Sepalen haben häufig lang ausgezogene Spitzen, sind miteinander verwachsen und bilden einen Trichter, in dessen Inneren die winzig kleinen Petalen und die Lippe versteckt sind. *Masdevallia* mögen es das ganze Jahr über gleichmäßig feucht, wobei es aber um die Wurzeln herum auch nicht zu nass sein darf. Ihre Blütezeit variiert sehr stark, liegt aber meist im Sommer. Die zahlreichen, variantenreichen Arten stammen aus einem weit ausgedehnten Verbreitungsgebiet in Südamerika, wobei viele in den Andenregionen Perus wachsen. Auch unter den Hybriden findet man ein breites Farbspektrum und sehr unterschiedliche Formen und Größen. Diese auffallende Hybride geht auf die leuchtend gefärbte *Masdevallia veitchiana* zurück, von der sie die lebhafte orange-rote Färbung geerbt hat. Im Sommer benötigt sie eine gute Schattierung. Im Winter kann sie ruhig etwas heller stehen. Die Temperaturen sollten sich zwischen 10 und 24 °C bewegen.

BLÜTE
4 cm

PFLANZENGRÖSSE
15 cm

TOPFGRÖSSE
10 cm

TRICHOPILIA | ANGULOA | MASDEVALLIA

Stanhopea maculosa

In Süd- und Mittelamerika wächst in den Waldgebieten auf starken Ästen eine Gruppe epiphytischer Orchideen, die wirklich erstaunliche Eigenschaften besitzt. Ihre großen, gerippten Pseudobulben tragen jeweils ein einzelnes festes, ledriges Blatt. Ihr ungewöhnlichstes Merkmal ist der nach unten wachsende Blütenstand, der sich zwischen den Wurzeln hindurch nach unten bohrt und unterhalb der Pflanze erscheint. Aus diesem Grund sollte man die Pflanzen am besten in einem Lattenkörbchen oder einem Kunststoffkorb für Wasserpflanzen kultivieren, damit der Blütenstand nicht stecken bleibt. Im Sommer zeigen sich dann die Blüten, die selbst unter den Orchideen zum Ungewöhnlichsten gehören, was die Pflanzenwelt zu bieten hat. Sie sind reich gefärbt und stark gemustert. Sie duften sehr stark und halten nur wenige Tage. Die Basis der Lippe trägt zwei hornförmige Fortsätze, die dafür sorgen, dass das bestäubende Insekt die richtige Position einnimmt. In diesen „Hörnern" liegt der Grund für den spanischen Namen „Toro" (Stier), den die Orchidee in ihrer Heimat trägt, wobei die roten Flecken auf den Sepalen und Petalen das Blut des Stiers symbolisieren. Damit man die Eigenartigkeit dieser Blüten richtig erkennt, sollte man sie von der Seite betrachten.

PFLEGEHINWEIS
Im Sommer benötigen die Pflanzen eine Schattierung, im Winter sollten sie hell stehen.

BLÜTE
8 cm

BLÜTENSTAND
23–30 cm

PFLANZENGRÖSSE
20 cm

TOPFGRÖSSE
12 cm

Gongora maculata

PFLEGEHINWEIS
Im Sommer leicht schattieren und regelmäßig gießen.

BLÜTE
4 cm

BLÜTENSTAND
30 cm

PFLANZENGRÖSSE
20 cm

TOPFGRÖSSE
12 cm

Diese Orchideen verlangen Temperaturen zwischen 10 und 30 °C und bilden seltsam aussehende Blüten an Rispen, die über den Topfrand herabbaumeln. Die vorherrschenden Farben sind Gelb, Gelborange, Gelbgrün und Rotbraun. Die langen Blütenstände tragen seltsam geformte Blüten, die an fliegende Vögel erinnern. Die Sepalen und Petalen sind zurückgeschlagen, während die Lippe im rechten Winkel dazu steht. Nur die obere Sepale steht parallel zur Säule. Die im Sommer erscheinenden Blüten verströmen einen starken Duft. Die kegelförmigen Pseudobulben tragen ein Paar gerippter Blätter. Auch die zahlreichen Luftwurzeln tragen zum eigentümlichen Erscheinungsbild dieser Pflanze bei.

Gongora galeata

Dies ist eine der kleineren Arten dieser außergewöhnlichen Gattung. Sie wurde 1830 aus Mexiko eingeführt und wurde seinerzeit mehrfach umbenannt, bis sie 1854 in die Gattung *Gongora* überführt wurde. Die attraktiven Pflanzen besitzen gerippte Pseudobulben mit einem Paar mittelgrüner Blätter. Die schlanken, drahtartigen Blütenstände tragen im Sommer zahlreiche nach Orangen duftende Blüten. Die Farben reichen von Gelb bis Rotbraun. Früher war *Gongora* in den Liebhabersammlungen wesentlich häufiger vertreten als heute. Es wurden jedoch nur wenige Kreuzungen mit dieser Gattung versucht, sodass man heute nur wenige Naturformen in den Sammlungen findet.

PFLEGEHINWEIS
Behandeln Sie diese Art genauso wie *Gongora maculata* (siehe oben).

BLÜTE
4 cm

BLÜTENSTAND
15 cm

PFLANZENGRÖSSE
20 cm

TOPFGRÖSSE
12 cm

Lycaste skinneri

Diese Art wurde 1840 durch George Ure-Skinner aus Guatemala eingeführt und auch nach ihm benannt. Heute ist sie die Nationalblume von Guatemala. Es handelt sich um eine sehr variable und schöne Art, die früher in sehr vielen Sammlungen zu finden war und deren Farbformen sehr gefragt waren. Heute ist diese wunderschöne Art sehr selten geworden, jedoch findet man nun die zahlreichen farbenprächtigen Hybriden wesentlich häufiger. Sie ist auch unter dem Synonym *Lyc. virginalis* bekannt. Die Blätter werden meist spätestens im zweiten Jahr abgeworfen. Die Pflanzen genießen kühlere Temperaturen. Die einblütigen Blütenstände, oft mehrere pro Pseudobulbe, erscheinen im Frühjahr und die Blüten halten bis zu sechs Wochen.

PFLEGEHINWEIS
Im Sommer reichlich gießen, im Winter trockene Ruhezeit.

BLÜTE
10 cm

BLÜTENSTAND
20 cm

PFLANZENGRÖSSE
45 cm

TOPFGRÖSSE
10 cm

Thunia marshalliana

Pflanzen der Gattung *Thunia* zu kultivieren, macht wirklich Spaß. Es gibt nur sechs Arten in dieser kleinen Gattung, die aus Indien, China und Südostasien stammt. Sie bilden lange, fleischige Stämme, die auf der ganzen Länge zwei Reihen weicher, schmal-ovaler Blätter tragen. Ihr Wachstum beginnt im zeitigen Frühjahr und erfolgt so schnell, dass man der Pflanze buchstäblich beim Wachsen zusehen kann. Man sollte sie den Sommer über leicht schattieren und feucht halten. Sie bildet an der Spitze der Bulben lange Kaskaden dunstiger weißer Blüten, die sich kurz nacheinander öffnen. Die Blüten sind reinweiß und nur das Innere der mit Fransen besetzten Lippe ist goldgelb und orange gemustert. Nach der Blüte reifen die Bulben aus und die Blätter werden abgeworfen. Den Winter über kann man die Stämme in ihren Töpfen belassen oder sie herausnehmen und trocken auf einem Tablett ausgebreitet überwintern. Im Frühjahr werden sie dann erneut eingetopft.

PFLEGEHINWEIS
Die alten Bulben werden im zeitigen Frühjahr umgetopft, wenn sich an ihrer Basis die Neutriebe zeigen.

BLÜTE
20 cm

PFLANZENGRÖSSE
60 cm

TOPFGRÖSSE
15 cm

Bulbophyllum elassonotum

Bulbophyllum ist die wohl größte Gattung unter den Orchideen. Diese hübsche kleine Art trägt ihre zahlreichen Blüten in dichten Trauben, die ein wenig an Tannenzapfen erinnern. Der stechende Geruch der Blüten legt nahe, dass sie von Fruchtfliegen bestäubt werden. Die Ursprünge sind etwas obskur – wahrscheinlich stammt diese Pflanze aus den Wäldern Vietnams –, aber diese kleinwüchsige, sehr wuchsfreudige und leicht zu kultivierende Art hat ihren Platz in den Sammlungen der Liebhaber. Sie besitzt kegelförmige Pseudobulben mit jeweils einem einzelnen Blatt. Die Blüten stehen im zeitigen Frühjahr sehr dicht am Blütenstand und halten zwei bis drei Wochen. Man kann diese Orchideen leicht in einem kleinen Topf ziehen, besser ist jedoch die Kultur auf einem Stück Korkrinde, wo sie ungestört für mehrere Jahre lang wachsen können. Sie bilden dann ein dichtes Geflecht um die Unterlage herum.

BLÜTE
1 cm

PFLANZENGRÖSSE
15 cm

TOPFGRÖSSE
10 cm

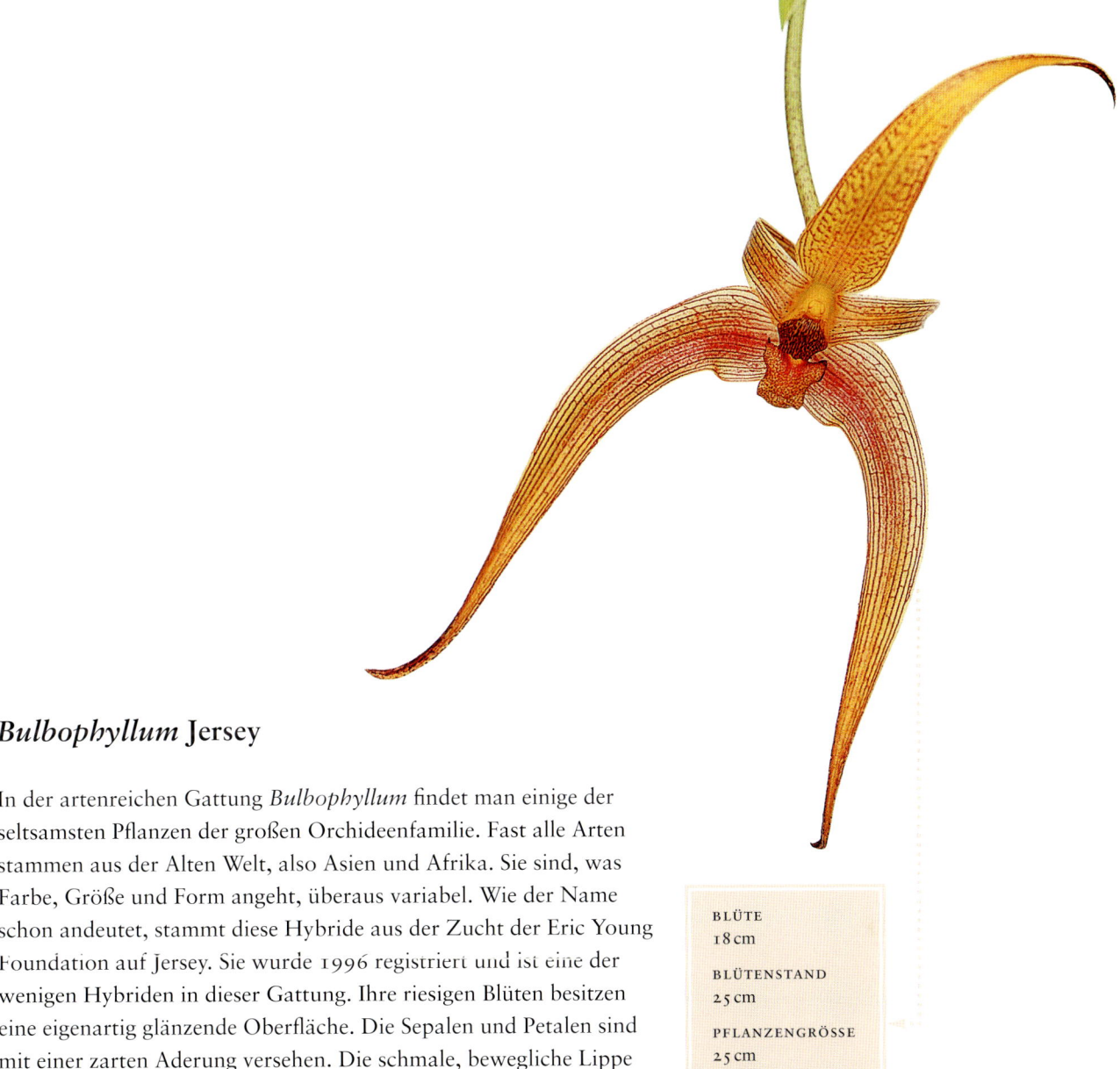

Bulbophyllum Jersey

In der artenreichen Gattung *Bulbophyllum* findet man einige der seltsamsten Pflanzen der großen Orchideenfamilie. Fast alle Arten stammen aus der Alten Welt, also Asien und Afrika. Sie sind, was Farbe, Größe und Form angeht, überaus variabel. Wie der Name schon andeutet, stammt diese Hybride aus der Zucht der Eric Young Foundation auf Jersey. Sie wurde 1996 registriert und ist eine der wenigen Hybriden in dieser Gattung. Ihre riesigen Blüten besitzen eine eigenartig glänzende Oberfläche. Die Sepalen und Petalen sind mit einer zarten Aderung versehen. Die schmale, bewegliche Lippe im Zentrum der Blüte ist ein typisches Merkmal der Gattung. Die Petalen sind elegant nach hinten geschwungen. Die von einem langen Blütenstand herabhängenden Blüten stehen einzeln und erscheinen den ganzen Sommer über. Die Pflanzen besitzen dicke, runde Pseudobulben mit jeweils einem einzelnen Blatt. Sie sind sehr pflegeleicht, jedoch muss man im Winter während der Ruhezeit dafür sorgen, dass sie nicht zu feucht stehen.

BLÜTE
18 cm

BLÜTENSTAND
25 cm

PFLANZENGRÖSSE
25 cm

TOPFGRÖSSE
15 cm

Temperiert kultivierte Orchideen

Wann immer die Möglichkeit besteht, die Pflanzen im Winter ein paar Grad wärmer zu halten, eröffnet sich ein völlig neues Spektrum an Orchideen, die man kultivieren kann. Die Vertreter des temperierten Bereichs benötigen im Winter mindestens 13 °C, während die Temperaturen im Sommer bis 30 °C ansteigen dürfen. Eine Reihe von Pflanzen lässt sich die meiste Zeit des Jahres zusammen mit den kühl zu kultivierenden Orchideen halten, aber im Winter benötigen sie diese wenigen Extragrade. Mit nur wenig Aufwand kann man die passenden Bedingungen schaffen, um auch wärmeliebende Arten zu pflegen. Sie können die Pflanzen im Winter z.B. in einem Raum unterbringen, der etwas mehr geheizt wird. Oder Sie trennen im Gewächshaus, wenn der Raum dafür ausreicht, eine temperierte Abteilung ab. Durch die Trennung kann man den kühleren wie den temperierten Arten genau die Bedingungen bieten, die sie für ein optimales Wachstum benötigen. Mischt man hingegen beide Pflanzentypen in einer Sammlung, werden immer einige wesentlich besser gedeihen, während andere unter Umständen sogar eingehen. Stehen die kühl zu kultivierenden Orchideen nachts zu warm, blühen sie häufig nicht. Mit einem Minimum-Maximum-Thermometer kann man die Temperaturen in jedem Pflegeraum kontrollieren und dann durch entsprechende Maßnahmen sicherstellen, dass jede Pflanze die Bedingungen bekommt, die sie braucht.

Guarisophleya Rocket Burst 'Deep Enamel' AM/RHS

Zur *Cattleya*-Gruppe gehört auch die Gattung *Sophronitis*. Einige kleinwüchsige Arten dieser Gattung besitzen leuchtend rot gefärbte Blüten. Wenn man die rot blühende *Sophronitis coccinea* mit einigen der größeren *Cattleya*- bzw. *Guarianthe*-Arten kreuzt, entstehen Hybriden wie diese *Guarisophleya* Rocket Burst, die beiderseits des Atlantiks wegen ihrer exquisiten Farbe und viele Preise gewonnen hat. Sie blüht im Frühjahr, die Blüten halten bis zu vier Wochen.

BLÜTE
5 cm

PFLANZENGRÖSSE
30 cm

TOPFGRÖSSE
15 cm

Sophronitis Pulcherrima

Das Foto unten zeigt eine moderne Version einer vor über 100 Jahren erfolgten Kreuzung zweier brasilianischer Arten, die früher beide der Gattung *Laelia* zugeordnet wurden. *Sophronitis purpurata* wurde 1852 als *Laelia purpurata* beschrieben und erfreut sich seitdem ungebrochener Beliebtheit. Die zweite Art, *Sophronitis lobata*, ist weniger bekannt, aber nicht minder attraktiv. Die heutige Hybride unterscheidet sich deutlich von der 1898 entstandenen Kreuzung, da man unterschiedliche Klone verwendet hat, dennoch behält die Hybride natürlich den alten Namen. Die großen Blüten haben die für die Eltern typische offene Form. Die Lippe ist trompetenförmig und reich gefärbt. Die Pseudobulben sind lang und schlank und tragen ein einzelnes Blatt.

BLÜTE
18 cm

PFLANZENGRÖSSE
60 cm

TOPFGRÖSSE
20 cm

Sophrocattleya Drumbeat

Diese Zweigattungshybride, die 1967 gezüchtet wurde, ist das Ergebnis von sechs Generationen, in denen *Cattleya* mit *Sophronitis purpurata* (damals *Laelia purpurata*) gekreuzt wurden. Im Laufe der Jahre sind viele solcher Kreuzungen gemacht worden, aus denen zahlreiche hervorragende großblumige Varianten mit großartigem Farbenspiel von Weiß, Gelb und Rosa bis hin zu verschiedenen Violettschattierungen resultieren. Einige dieser Hybriden blühen im Frühjahr, während andere ihre Blüten eher im Herbst zeigen. Dies hängt davon ab, welche Elternteile sich gerade durchsetzen. Der wunderbare Duft findet sich bei allen Hybriden und verstärkt sich in der Generationenfolge sogar noch. Die wohlgerundeten Blüten sind das Ergebnis jahrelanger Zuchtwahl.

BLÜTE
15 cm

PFLANZENGRÖSSE
38 cm

TOPFGRÖSSE
15 cm

Sophrocattleya Veldorado 'Polka' AM/RHS

Diese einmalig schöne Hybride zeigt die farbliche Vielfalt innerhalb der modernen *Cattleya*-Züchtung. Sie wurde 1976 aus *Sophrocattleya* Amber Glow und *Sc*. Colibri gezüchtet. Jeder Blütenstand trägt eine bis drei große Blüten. Die Petalen und Sepalen zeigen ein reiches Gelb. Die Lippe bildet dazu mit ihrem tiefen Rubinrot und der goldenen Aderung einen wundervollen Kontrapunkt. Die Blüten besitzen einen süßen Duft. Die mittelgroßen Pflanzen tragen auf den keulenförmigen Pseudobulben jeweils ein einzelnes Blatt. Sie blühen einmal jährlich, wenn der Neutrieb sein Wachstum abgeschlossen hat, was meist im Herbst der Fall ist. Damit die Blüten länger halten, sollte man die Pflanze möglichst hell stellen und während der Blüte eher etwas trockener halten.

BLÜTE
12 cm

PFLANZENGRÖSSE
38 cm

TOPFGRÖSSE
15 cm

Sophrocattleya Elizabeth Fulton 'La Tuilerie' AM/RHS

Diese aus den USA stammende Kreuzung aus *Sophrocattleya* Amber Glow und der aus Brasilien stammenden Naturform *Cattleya bicolor* wurde 1977 angemeldet. *Sophrocattleya* Amber Glow ist das Ergebnis einer über viele Generationen verfolgten Zuchtlinie, die zu dieser Hybride von herausragender Qualität führte. Die an Kupfer erinnernde Färbung ist bei Cattleyen sehr selten und stellt eine interessante Erweiterung des Farbspektrums dar. Dazu bildet die exquisit gefärbte Lippe die perfekte Ergänzung. Die Pflanze ist sehr wuchsfreudig. Ihre keulenförmigen Pseudobulben tragen jeweils ein einzelnes Blatt und der Blütenstand präsentiert sich sehr gut über dem Blattwerk. Man kann zwischen einer und drei Blüten pro Rispe erwarten, meisten sind es zwei. Hauptblütezeit ist der Herbst.

BLÜTE
12 cm

PFLANZENGRÖSSE
38 cm

TOPFGRÖSSE
15 cm

Cattleya Little Miss Charming

In dieser attraktiven, aus einer anderen Zuchtrichtung hervorgegangenen Hybride zeigt sich eine weitere Facette des Variantenreichtums innerhalb der *Cattleya*-Gruppe. Die Blüten stehen hier weniger eng, die Sepalen und Petalen sind schmaler und überlappen einander nicht so wie bei den runderen Blüten anderer Hybriden. Die zwei bis drei Blüten stehen an einem längeren Blütenstand. Die Pseudobulben sind lang und schlank und besitzen ein einzelnes ovales Blatt. Die Eltern dieser aus Amerika stammenden, 1984 registrierten Hybride sind *Cattleya* Snowberry und eine Naturform, *Cattleya loddigesii*. Da auch Snowberry eine *C.-loddigesii*-Hybride ist, kann man den Einfluss dieser Naturform sowohl in der Blüte als auch im Wuchs recht deutlich erkennen.

BLÜTE
10 cm

PFLANZENGRÖSSE
30 cm

TOPFGRÖSSE
15 cm

Cattlianthe Sir Jeremiah Colman

Diese Hybride entstand auf der Suche nach der fast unerreichbaren „blauen *Cattleya*". Sie ist zwar schon etwas älter, aber immer noch ein Klassiker. Sie wurde 1976 in den USA gezüchtet und zu Ehren des englischen Züchters Sir Jeremiah Colman benannt, der in der ersten Hälfte des 20. Jahrhunderts wesentliche Fortschritte in dieser Zuchtrichtung erreicht hat. Die bläuliche Färbung wurde durch die Verwendung von *coerulea*-Formen der beteiligten *Guarianthe*- und *Cattleya*-Eltern erreicht. Auch diese Hybride erwies sich als sehr erfolgreich und man konnte mit ihr weitere „blaue" *Cattleya*-Hybriden züchten. Die Sepalen und Petalen erstrahlen in einem leichten Blauviolett, während die Lippe mit ihrem gelben Zentrum einen violetten Saum besitzt. Die Pflanze ist sehr wüchsig.

BLÜTE
9 cm

PFLANZENGRÖSSE
30 cm

TOPFGRÖSSE
12 cm

Cattleya Hawaiian Wedding Song

Bei dieser amerikanischen Hybride entstammen alle Elternpflanzen der Gattung *Cattleya*. Durch Selektion sind die Petalen bei vielen Klonen sehr groß und breit geworden. Dadurch verliert die Blüte etwas von der guten Form und Haltung, die eines der Hauptziele und Gütesiegel der *Cattleya*-Kreuzung sind. Die Lippe ist allerdings gut definiert und zeigt eine perfekte Form sowie eine wunderschöne gelbe Zeichnung im Zentrum. Diese moderne Hybride gehört zum unifoliaten Typ und besitzt jeweils ein einzelnes ledriges, ovales Blatt pro Bulbe. Die Eltern dieser 1982 auf Hawaii gezüchteten Hybride sind C. Angel Bells und C. Claesiana. C. Angel Bells geht auf C. Little Angel und C. Empress Bells zurück, die 1952 aus der bekannten Elternpflanze C. Bow Bells gezüchtet wurde. C. Claesiana ist eine ältere englische Hybride aus C. *intermedia* und C. *loddigesii* aus dem Jahre 1916.

BLÜTE
12 cm

PFLANZENGRÖSSE
38 cm

TOPFGRÖSSE
15 cm

Sophrocattleya Persepolis

Die Eltern dieser 1973 registrierten Hybride sind *Cattleya* Kitiwake und *Sophrocattleya* Pegi Mayne, welche in einer der ersten Generationen eine *Sophronits purpurata* (damals *Laelia purpurata*) im Stammbaum hat. Die Lippe zeigt deutlich den Einfluss der *Cattleya*-Eltern und bildet mit ihrer prachtvollen Färbung einen schönen Kontrast zu den weißen Sepalen und Petalen. *Sc.* Persepolis ist eine bedeutende Zuchtpflanze, aus der viele im Sommer blühende weiße *Cattleya*-Hybriden hervorgegangen sind. Die Pflanzen sind wuchsfreudig und robust. Sie besitzen ein einzelnes ledriges Blatt. Im Winter sollten die Pflanzen so viel Licht wie möglich bekommen, aber im Frühjahr müssen Vorkehrungen getroffen werden, damit die Blätter trotz ihrer festen Textur nicht verbrennen. Sobald die Sonne an Kraft gewinnt, sollte man die Pflanzen schattieren oder an einen schattigeren Platz bringen.

BLÜTE
15 cm

PFLANZENGRÖSSE
38 cm

TOPFGRÖSSE
15 cm

Catyclia El Hatillo 'Santa Maria'

Diese aus Amerika stammende Kreuzung vereint die Qualitäten zweier Naturformen zu einer Hybride mit einer liebenswerten, reizenden Blüte. Es ist eine Primärhybride aus *Cattleya mossiae*, einer im Jahr 1838 beschriebenen Art aus Venezuela, und *Encyclia tampensis* aus Florida und von den Bahamas. *C. mossiae* blühte erstmalig 1838 bei der großen Orchideensammlerin Lady Moss und kann heute als Elternteil in den Stammbäumen fast aller modernen Hybriden gefunden werden. In dieser Kreuzung dominiert *Encyclia tampensis* die Blütenform, während die Lippenzeichnung deutlich auf *Cattleya mossiae* zurückgeht. Die wuchsfreudige Pflanze besitzt schlanke Pseudobulben, die jeweils ein Paar fester, ledriger Blätter tragen, zwischen denen der Blütenstand entspringt. Dieser wächst aufrecht und trägt vier bis fünf grünlich cremefarbene Blüten mit kontrastreich gefärbter Lippe.

BLÜTE
5 cm

PFLANZENGRÖSSE
20 cm

TOPFGRÖSSE
12 cm

Cattleychea Siam Jade

Auch die Gattung *Prosthechea* ist eng mit *Cattleya* verwandt und gehört zur *Cattleya*-Gruppe. Bei dieser Hybride wurde eine selektierte *Prosthechea mariae* mit verschiedenen *Cattleya*-Arten und -Hybriden gekreuzt, was zu einer interessanten Erweiterung des Farb- und Formenspektrums in der *Cattleya*-Gruppe führte. Die Sepalen und Petalen besitzen eine festere Textur als die anderer *Cattleya*-Hybriden und die weiße Lippe ist fast schon ein wenig steif. Die Pflanze bleibt klein und kompakt. Die Pseudobulben sind etwas verkürzt. Die Blühsaison ist sehr variabel, aber die Hauptblütezeit liegt im Frühjahr.

BLÜTE
5 cm

PFLANZENGRÖSSE
10 cm

TOPFGRÖSSE
10 cm

Dendrobium victoriae-reginae

Diese Art ist recht eng mit *Dendrobium goldschmidtianum* (rechts) verwandt und stammt wie diese von den Philippinen. Beide Pflanzen haben die gleiche hängende Wuchsform. *Den. victoriae-reginae* besitzt etwa 30–40 cm lange Bulben, die nach spätestens zwei bis drei Jahren die Blätter abwerfen. Anfangs wachsen sie aufrecht, hängen später aber über. Daher kultiviert man sie am besten in möglichst kleinen Töpfen oder in Lattenkörbchen, damit sie ihre natürliche Wuchsform entwickeln können. Allerdings kann man die Bulben auch mit Stäben stützen, damit sie in aufrechter Position bleiben. Die kleinen, blauvioletten Blüten sind etwa 2–3 cm groß und stehen in kleinen Büscheln an der oberen Hälfte der Bulben. Oft blühen jüngere und ältere Bulben gleichzeitig. Die Pflanzen benötigen einen möglichst hellen Standort.

PFLEGEHINWEIS
Diese Art toleriert Minimumtemperaturen bis zu 10 °C.

BLÜTE
1,5 cm

PFLANZENGRÖSSE
38 cm

TOPFGRÖSSE
15 cm

Dendrobium goldschmidtianum

Diese hübsche Naturform von den Philippinen bildet lange, überhängende Stämme, deren Blätter über mehrere Jahre an den Bulben verbleiben, wenn sie allzu gleichförmig kultiviert werden. Die attraktiven rotvioletten bis rosafarbenen Blüten erscheinen im Frühjahr nach der trockeneren Winterruhe in dichten Büscheln entlang der oberen Hälfte der älteren Stämme. Die ausgereiften Bulben blühen nur bei ausreichender Helligkeit. Diese Art war lange nur selten in Kultur zu finden, bis sie in jüngerer Zeit durch Nachzucht leichter zu bekommen war. Sie blüht immer wieder auch aus den älteren, blattlosen Bulben. Am wohlsten fühlt sie sich in einem Korb möglichst nah am Fenster, wo sie ihren hängenden Wuchs ungestört entwickeln kann.

PFLEGEHINWEIS
Während sich die Neutriebe entwickeln, sollte man diese Art regelmäßig besprühen und gleichmäßig feucht halten.

BLÜTE
1 cm

PFLANZENGRÖSSE
30 cm

TOPFGRÖSSE
12 cm

Dendrobium Thongchai Gold

BLÜTE
5 cm

PFLANZENGRÖSSE
30 cm

TOPFGRÖSSE
12 cm

Die konsequente Verfolgung von Zuchtlinien, die auf Arten aus Australien und Neuguinea basieren, machte ein breites Spektrum neuer Farben und Formen zugänglich. Viele dieser neuen Hybriden stammen aus Thailand, wo das Klima für diese Pflanzen ideal ist. Im Hintergrund von *Den*. Thongchai Gold finden sich Naturformen wie *Den. bigibbum*, das einst als *Den. phalaenopsis* bekannt war. Dies ist eine sehr variable Art, die erstmalig 1852 beschrieben wurde und seit 1824 in den Royal Botanic Gardens in Kew in Kultur ist. *Den*. Thongchai Gold ist eine von mehreren Hybriden mit goldgelben Sepalen und Petalen, zu denen die purpurfarbene Lippe einen wunderbaren Kontrapunkt bildet. Die an der Basis schmalen Petalen verbreitern sich zur Spitze hin. Die kleineren Sepalen sind manchmal etwas heller gefärbt. Die zahlreichen Blüten stehen an einem aus der Spitze der Pseudobulben entspringenden Blütenstand.

BLÜTE	5 cm
BLÜTENSTAND	25–38 cm
PFLANZENGRÖSSE	20 cm
TOPFGRÖSSE	12 cm

Dendrobium Siam Jewel

Dieses wärmeliebende, hartbulbige *Dendrobium* zeigt nur dann wundervolle Rispen hübscher Blüten, wenn es genügend Licht bekommt. Die Blüten halten etwa vier Wochen. Es gibt in dieser Hybridengruppe zahlreiche farbliche Varianten von Weiß über Zartrosa bis hin zu tiefem Purpur. Alle Ursprungsarten stammen aus Australien. Diese ausdrucksstarke Hybride wurde 1992 angemeldet. Sie kommt der schwer erreichbaren „blauen Orchidee" schon recht nahe. Sie ist sehr beliebt und wird weltweit in großem Maßstab für den Topfpflanzen- und Schnittblumenmarkt vermehrt. Sie brauchen viel Licht und ausreichend Wärme. Während des aktiven Wachstums im Sommer dürfen die Pflanzen niemals ganz austrocknen, aber im Winter hält man sie besser eher trockener.

BLÜTE
7 cm
BLÜTENSTAND
25 cm
PFLANZENGRÖSSE
30 cm
TOPFGRÖSSE
10 cm

Dendrobium Ruby Beauty

Diese Pflanze ist ein außergewöhnliches Beispiel der hartbulbigen *Dendrobium*-Hybriden und erfreut sich weltweit großer Beliebtheit. *Den.* Ruby Beauty wurde 1990 gezüchtet und ist sehr anpassungsfähig. Sie gedeiht in einem breiten klimatischen Spektrum. Sie sollten aber immer daran denken, dass die Eltern aus tropischen Regionen stammen. In einer entsprechenden Umgebung sind sie ideale Gartenpflanzen. Eine ausgewachsene Pflanze bildet im Herbst aus der Spitze jeder Bulbe eine bis zwei Rispen mit jeweils bis zu acht Blüten. Die langen Pseudobulben tragen zwei Reihen ledriger Blätter, die sie dauerhaft behalten. Diese Hybriden werden hauptsächlich in Singapur und Thailand gezüchtet, wo sie vor allem für den Schnittblumenmarkt vermehrt werden. Bei Floristen sind sie daher als Singapurorchideen bekannt. Man findet sie weltweit in fast jedem Blumengeschäft.

Dendrobium All Season Blue

Den. All Season Blue ist eine der zahlreichen in Australien gezüchteten Hybriden des hartbulbigen Typs. Ihre festeren Bulben wachsen auch ohne Unterstützung aufrecht und ihre Blütenstände entspringen den oberen Knoten der Bulben. Die gleich großen Petalen und Sepalen sind weit ausgebreitet, während die hübsche Lippe schmal ist und die gleiche Färbung trägt. Die Eltern dieser schönen, 1995 in Thailand gezüchteten Hybride sind *Den.* Pinky Sem und *Den.* Minnie.

PFLEGEHINWEIS
Nicht unter 10 °C fallen oder über 30 °C steigen lassen.

BLÜTE
4 cm

BLÜTENSTAND
15 cm

PFLANZENGRÖSSE
30 cm

TOPFGRÖSSE
15 cm

Dendrobium Nora Tokunaga

Diese ungewöhnliche Hybride wurde aus zwei markanten Arten aus Neuguinea gezüchtet. Die klein bleibende Pflanze bildet keulenförmige Pseudobulben mit ledrigen, terminalen Blättern und ist durchaus für die Kultur im Haus geeignet. Die außergewöhnlichen Blüten sind weißlich grün mit einer zarten rosa Punktierung auf der Außenseite der Petalen. Sie besitzen eine grünlich geaderte Lippe mit roten Punkten. Die lockerenBlütenstände tragen jeweils etwa sechs Blüten, die sechs Monate und länger halten können. *Den. atroviolaceum,* ein Elternteil, wurde 1890 erstmals eingeführt und bei der Royal Horticultural Show in London gezeigt. Ihre Hybriden werden wegen des von ihr vererbten Duftes und der extrem langen Blütezeit sehr geschätzt. Die Blüten gehören zu den langlebigsten aller in Kultur befindlichen Orchideen.

BLÜTE
3 cm

BLÜTENSTAND
10 cm

PFLANZENGRÖSSE
30 cm

TOPFGRÖSSE
10 cm

Dendrobium Dale Takiguchi

Diese attraktive Hybride des *Den.-phalaenopsis*-Typs zeigt die Schönheit klarer, zart gefärbter Blüten, die einer auf Albinoformen der Arten zurückgehenden Zuchtlinie entstammen. Sie gehört zum hartbulbigen Typ, der sich durch die aufrecht wachsenden Pseudobulben auszeichnet, die ihr Laub über mehrere Jahre behalten. Die ovalen Blätter stehen in Zweierreihen an der oberen Hälfte der Bulbe, anders als bei den *Den.-nobile*-Hybriden, deren Blätter über die ganze Länge der Bulbe verteilt sind. Diese Hybride blüht im Frühjahr und in den Sommermonaten sehr reichlich und trägt ihre hübschen Blüten an langen, überhängenden Rispen. Anders als andere *Dendrobium*-Hybriden dieses Typs bleibt sie relativ klein, und eignet sich daher gut für die Kultur auf einer hellen Fensterban.

BLÜTE
6 cm

BLÜTENSTAND
15 cm

PFLANZENGRÖSSE
40 cm

TOPFGRÖSSE
15 cm

Paphiopedilum Deperle

Paphiopedilum Deperle ist eine sehr beliebte Primärhybride zwischen dem aus Vietnam stammenden *Paph. delenatii* und dem erst 1973 entdeckten *Paph. primulinum*. Diese Naturform bildet die Grundlage zahlreicher kleiner, gelb blühender Frauenschuhhybriden und hat sich auch in dieser 1980 registrierten französischen Hybride als dominierender Elternteil erwiesen. Die kompakten Blüten von *Paph.* Deperle öffnen sich eine nach der anderen und erinnern darin sowie in Form und Farbe an *Paph. primulinum*. Dieses überlagert den anderen Elternteil, der normalerweise die zarten Rosatöne an die Hybriden weitergibt.

BLÜTE
6 cm

BLÜTENSTAND
25 cm

PFLANZENGRÖSSE
15 cm

TOPFGRÖSSE
10 cm

Paphiopedilum villosum

Diese in kühlen Himalaya-Regionen beheimatete Art wurde 1853 erstmals entdeckt und 1854 als *Cypripedium villosum* beschrieben. Sie stammt aus den feuchten Bergregionen Burmas, wo sie epiphytisch in Höhen bis 2000 m wächst. Die Nächte sind dort sehr kühl. 1869 wurde sie mit dem aus Malaysia stammenden *Paphiopedilum barbatum* gekreuzt, einer terrestrisch wachsenden Tieflandart mit gefleckem Laub. Die resultierende Hybride heißt *Paph.* Harrisianum und ist die erste Hybride dieser Gattung. *Paph. villosum* besitzt schmales dunkelgrünes Laub und trägt im Herbst und Winter eine einzelne Blüte an einem langen Blütenstand. Diese besitzt einen wachsartigen Glanz und erinnert in ihrer Färbung an poliertes Messing. *Paph. villosum* findet sich in den Stammbäumen zahlreicher moderner Hybriden, in denen sich die Farbgebung und Zeichnung der „Fahne" genannten dorsalen Sepale erhalten hat. Als Naturform ist sie allerdings weitgehend aus den Liebhabersammlungen verschwunden. Auch am Naturstandort ist die Art selten geworden. Sie kann bei niedrigeren Temperaturen kultiviert werden als die meisten anderen *Paphiopedilum*-Arten und gedeiht in einem Bereich von mindestens 10 °C und maximal 24 °C.

PFLEGEHINWEIS
Diese Orchidee liebt einen kühlen, schattigen Standort.

BLÜTE
10 cm

BLÜTENSTAND
15 cm

PFLANZENGRÖSSE
25 cm

TOPFGRÖSSE
10 cm

BLÜTE	8 cm
BLÜTENSTAND	25 cm
PFLANZENGRÖSSE	15 cm
TOPFGRÖSSE	10 cm

Paphiopedilum Pinocchio

Diese 1977 in Frankreich gezüchtete Hybride vereint zwei eng verwandte Elternarten: *Paph. primulinum* und *Paph. glaucophyllum*. Mit ihren hübschen, kompakten Blüten handelt es sich wohl um die kleinste Hybride dieser Gruppe. Im Zentrum der Blüte sieht man das tiefgrün gefärbte Staminodium, eine schildartige Struktur, die aus einem sterilen Staubblatt entstanden ist. Darunter verdeckt befinden sich rechts und links die Pollinien, an denen das Insekt beim Verlassen der Blüte vorbei muss, nachdem es in den „Schuh" gefallen ist. Obwohl die Pflanzen die Insekten nicht verdauen, stellen sie ihnen eine Falle. Die Insekten können leicht entkommen, bestäuben dabei aber die Blüte, indem sie die Pollinien abladen bzw. mitnehmen.

Paphiopedilum Jersey Freckles

Diese hübsche Komplexhybride ist ein typisches Beispiel für eine Reihe ähnlicher Kreuzungen, die über mehrere Generationen hinweg aus indischen Arten wie *Paph. insigne*, *Paph. vilosum* und *Paph. barbatum* gezüchtet wurden. Auf diese Weise wurden gezielt bestimmte Farbkombinationen und Zeichnungen in Form von Streifen, Spritzern, Punktierungen oder Flecken entwickelt (siehe Nahaufnahme der Lippe auf Seite 46). Diese Hybriden haben in kühlen und in wärmeren Klimazonen wachsende Eltern. *Paph.* Jersey Freckles ist vom einfarbig grünen Typ, der meist einen etwas wärmeren, schattigen Standort bevorzugt, egal ob im Haus oder im Gewächshaus. Diese Pflanzen mögen keinen direkten Sonnenschein. Die einzeln stehenden Blüten erscheinen in den Wintermonaten und halten bis zu acht Wochen. Eine große Pflanze bildet mehrere Blütenstände, jeder an jeweils einem Neutrieb.

BLÜTE
12 cm

BLÜTENSTAND
20 cm

PFLANZENGRÖSSE
12 cm

TOPFGRÖSSE
10 cm

Paphiopedilum Chiquita

Dies ist ein weiteres Beispiel für eine der neueren Zuchtlinien mit *Paph. primulinum*, die eine Erweiterung des Farbspektrums zum Ziel haben. Das zarte Gelbgrün dieser Hybride stammt von der 1973 auf Sumatra gefundenen Naturform, die dort in Höhenlagen von 400–1000 m vorkommt und sicher eine der besten Entdeckungen dieser Dekade war. Sie gehört zu einer kleinen Gruppe eng verwandter Arten mit schmalen, gewellten Petalen und einem charakteristischen Schuh. Diese Merkmale vererben sie auch in den Kreuzungen. Bei *Paph.* Chiquita herrschen hellorange, pfirsichfarbene und leicht gelbgrüne Töne vor. Die offene Blütenform steht im Kontrast zu den runden, geschlossenen Blüten, die man normalerweise bei Komplexhybriden findet. *Paph.* Chiquita bildet am Ende des Blütenstands mehrere Blüten, die sie nacheinander öffnet.

BLÜTE
8 cm

BLÜTENSTAND
15 cm

PFLANZENGRÖSSE
13 cm

TOPFGRÖSSE
10 cm

Paphiopedilum Gina Short

Rosafarbene *Paphiopedilum*-Hybriden waren schon immer etwas ungewöhnlich und sind deshalb beliebt und sehr gefragt. Bis zur Entdeckung von *Paph. delenatii* 1913 durch einen französischen Soldaten in Vietnam war die Farbe Rosa in der Gattung *Paphiopedilum* fast völlig unbekannt. Die großen Blüten behalten meist die typischen Merkmale wie den eiförmigen Schuh und die ein bis zwei Blüten pro Blütenstand. Die kompakten Pflanzen bilden auch ein sehr attraktives Blattwerk mit mosaikartiger dunkler Zeichnung und einer purpurnen Punktierung auf der Unterseite der Blätter. Die Blätter sollten immer trocken gehalten werden, damit kein Wasser im Herz der Pflanze stehen bleiben kann, was unweigerlich zu Fäulnis führen würde.

BLÜTE
10 cm

BLÜTENSTAND
12 cm

PFLANZENGRÖSSE
12 cm

TOPFGRÖSSE
10 cm

Paphiopedilum Holdenii

Es gibt eine ganze Reihe dieser klaren, grün blühenden Typen mit geflecktem Laub, die sich alle großer Beliebtheit erfreuen. Die Fahne trägt das typische Streifenmuster, während der Rest der Blüte einfarbig grün ist. Diese ältere Hybride wurde 1909 in England aus der grünen Form von *Paph. callosum* var. *sanderae* und *Paph.* Maudiae gezüchtet, Letztere wiederum eine Hybride von *Paph. callosum*. Auch heute noch sind diese Hybriden sehr gefragt. Das attraktive, hellgrün gefleckte Laub ist kompakt und oval geformt. Die einzelne Blüte steht an einem langen Blütenstand, der am besten durch einen Bambusstab gestützt wird, damit sich die Blüte gut präsentieren kann. Warten Sie, bis sich die Blüte geöffnet hat, bevor Sie den Blütenstand unterhalb des Fruchtknotens festbinden.

BLÜTE
10 cm

BLÜTENSTAND
25 cm

PFLANZENGRÖSSE
12 cm

TOPFGRÖSSE
10 cm

Paphiopedilum Silverlight

Ähnlich wie die Zuchtlinie von *Paph.* Chiquita (siehe Seite 143) trägt auch diese Hybride Blüten im Buttergelb von *Paph. primulinum*, einem der Elternteile. Diese Gruppe nacheinander aufblühender Hybriden, die gern als Revolverblüher bezeichnet werden, bevorzugt eine wärmere Umgebung, die der natürlichen Umgebung im Tiefland Sumatras entspricht. Ihre schmalen Blätter sind hell- bis mittelgrün, was anzeigt, dass sie schattigere Standorte bevorzugen. Außer Gelb sieht man bei diesen Hybriden auch Gelbgrün und Weiß. Diese Zuchtlinien erfreuen sich mit ihren kleineren Blüten zunehmender Beliebtheit.

BLÜTE
10 cm

BLÜTENSTAND
12 cm

PFLANZENGRÖSSE
12 cm

TOPFGRÖSSE
10 cm

Paphiopedilum spicerianum

Heute ist diese Naturform aus dem Himalaya-Gebiet sowohl in ihrer Heimat als auch in Liebhabersammlungen sehr selten geworden. Allerdings gibt es zahlreiche Hybriden, bei denen diese Art im Stammbaum vorhanden ist. Seit ihrer Einführung 1880, als sie zu Ehren von Herbert Spicer aus Surrey, England, benannt wurde, hat man diese Art sehr häufig zur Zucht eingesetzt. Die Art hat längliche, grüne Blätter und bildet aus jedem Neutrieb einen einblütigen Blütenstand. Die Blüte ist grün und kupferrot und hält bis zu drei Monate. Hautblütezeit ist der Herbst. Die Fahne wölbt sich kapuzenartig über den Schuh, damit es nicht hineinregnet. Ein zu einem großen Solitär herangereiftes Exemplar kann mit zahlreichen Blüten beeindrucken.

PFLEGEHINWEIS
Die Pflanze muss das ganze Jahr über gleichmäßig gegossen werden.

BLÜTE
8 cm

BLÜTENSTAND
18 cm

PFLANZENGRÖSSE
25 cm

TOPFGRÖSSE
15 cm

Paphiopedilum Prime Child

Diese ungewöhnlich aussehende Hybride ist aus der von Borneo stammenden Art *Paph. rothschildianum* gezüchtet worden, die wegen ihrer bemerkenswert langen, schmalen Petalen bekannt ist. Die abwärts geneigten Petalen von *Paph.* Prime Child sind auf ihrer ganzen Länge punktiert. Während *Paph. rothschildianum* mehrere Blüten gleichzeitig trägt, öffnen sich die Blüten dieser Hybride wie bei *Paph. primulinum* nacheinander. Diese Kreuzung entstand ursprünglich 1985 in Kalifornien, ist inzwischen aber vielfach nachvollzogen worden und dadurch leicht zu bekommen. Verschiedene Klone zeigen subtile Unterschiede in der Blütenform.

BLÜTE
18 cm

BLÜTENSTAND
30 cm

PFLANZENGRÖSSE
20 cm

TOPFGRÖSSE
12 cm

Paphiopedilum Leeanum

Diese Pflanze ist ein echter Orchideenklassiker. Es handelt sich um eine englische Primärhybride aus dem Jahr 1884, eine der ersten Orchideenhybriden überhaupt. Von Anfang an war diese Kreuzung für die Hybridisierung von großer Bedeutung und erfreute sich bei den Sammlern dieser Zeit allergrößter Beliebtheit. Ihre Eltern sind *Paph. insigne* und *Paph. spicerianum*, zwei ebenfalls seinerzeit sehr beliebte Orchideen. Auch heute noch werden sie gern kultiviert. Sie waren früher sehr verbreitet, sind heute aber in den Liebhabersammlungen leider selten geworden. *Paph.* Leeanum zeigt die ganze Grazie und die klassischen Linien der Naturformen und sollte an einem kühlen, schattigen Standort kultiviert werden. Dann zeigen sich im Winter die einzeln stehenden Blüten aus den Neutrieben, die acht Wochen und länger halten können.

BLÜTE	8 cm
BLÜTENSTAND	23 cm
PFLANZENGRÖSSE	15 cm
TOPFGRÖSSE	12 cm

Paphiopedilum Jac Flash

Dies ist eine der moderneren, sehr dunkel gefärbten Hybriden, bei denen *Paph. callosum* die dominierende Naturform ist. Die großen, purpurnen und grünen Blüten stehen einzeln an einem langen, schlanken Stiel. Diese 1885 gefundene und 1887 beschriebene Art kommt ursprünglich aus Thailand und Vietnam. Aus ihr wurden während der letzten 100 Jahre ganz eigene Zuchtlinien entwickelt. Daraus sind einige aufregende Farbschattierungen hervorgegangen, die der schwer fassbaren „schwarzen Orchidee" schon sehr nahekommen. Die große, ausgebreitete Fahne zeigt ein dunkles Purpur, auf dem sich eine noch dunklere Aderung abzeichnet. Die nach unten geschwungenen Petalen sind grün und purpurn. Der Schuh zeigt meist die tiefsten und dunkelsten Farbschattierungen. Die kompakt wachsenden Pflanzen besitzen attraktive, mosaikartig gemusterte, kurze, rundliche Blätter. Das macht sie auch dann zu interessanten Zimmerpflanzen, wenn sie nicht in Blüte stehen. *Paph.* Jac Flash blüht hauptsächlich im Sommer. Die Blüte hält mehrere Wochen.

BLÜTE	5 cm
BLÜTENSTAND	25 cm
PFLANZENGRÖSSE	10 cm
TOPFGRÖSSE	12 cm

Phragmipedium longifolium

Diese Naturform findet sich von Costa Rica bis nach Kolumbien und wächst am Naturstandort terrestrisch in Laubhumus. Bei näherer Betrachtung zeigen die grünlichen Blüten eine feine Punktierung und eine delikate Aderung auf den Petalen und auf dem Schuh. Das grüne Staminodium im Zentrum der Blüte ist durch einen mit feinen, dunklen Haaren besetzten Rand gekennzeichnet. Die Pflanzen besitzen sattgrün gefärbte Blätter und einen extrem langen Blütenstand, der nacheinander zahlreiche Blüten hervorbringen kann.

BLÜTE
12 cm

BLÜTENSTAND
2 m

PFLANZENGRÖSSE
60 cm

TOPFGRÖSSE
20 cm

Phragmipedium Sedenii

Diese wunderschöne, 30 cm große Primärhybride wurde 1873 von Veitch & Sons gezüchtet. Sie hat alle Zeiten überdauert und ist auch heute noch erhältlich, obwohl sie in den Liebhabersammlungen seltener geworden ist. Ihre Eltern sind *Phrag. longifolium* und *Phrag. schlimii*. Die Hybride entstand zu einer Zeit, als die Aufzucht aus Samen noch ein Risiko darstellte, und so hatten damals nur wenige Pflanzen bis zur ersten Blüte überlebt. Die Blüten erinnern stark an *Phrag. schlimii*, dessen pastellfarbenes Rosa sie geerbt haben. Diese pastellige Färbung ist ein typisches Merkmal älterer *Phragmipedium*-Hybriden, während moderne Kreuzungen durch leuchtendere Farben auffallen. Der hohe Blütenstand trägt mehrere Blüten, die sich nacheinander öffnen.

BLÜTE
6 cm

BLÜTENSTAND
45 cm

PFLANZENGRÖSSE
30 cm

TOPFGRÖSSE
12 cm

Phragmipedium Grouville

Selbst bei ähnlichen Zuchtlinien kommt es manchmal zu Überraschungen. So ist es z.B. mit der ausgefallenen Färbung dieser hellrosa Variation unter meist rot blühenden Hybriden. Die Blüten von *Phrag*. Grouville sind typisch geformt, weisen aber eher pastellige Farben auf als das bekannte Rot. Als Weiterkreuzung von *Phrag*. Eric Young (siehe Seite 157) zeigen die Blüten den deutlichen Einfluss von *Phrag. besseae*, allerdings nur in der Form und nicht in der Farbe. Eine Blüte öffnet sich nach der anderen, und auf diese Weise erstreckt sich die Blütezeit über Monate, bis die letzte Blüte vergangen ist und abfällt. Diese schöne Hybride besitzt heute als Neuheit sicher ihren Wert, wird aber ohne Zweifel auch eine große Zukunft haben.

BLÜTE
8 cm

BLÜTENSTAND
30 cm

PFLANZENGRÖSSE
20 cm

TOPFGRÖSSE
12 cm

Phragmipedium besseae

Bis zur Entdeckung dieser Naturform 1981 war die Farbe Rot in dieser Gattung fast völlig unbekannt. Mit dieser Art wurde eine vollkommen neue Zuchtrichtung begründet, aus der viele aufregende Hybriden hervorgingen, die pflegeleicht und blühfreudig sind. Bei Sammlern auch heute noch sehr gefragt, gibt diese Art ihre lebhaften Rot- und Orangetöne an ihre Nachkommen weiter. So entstanden Hybriden, die wenige Jahre zuvor noch völlig undenkbar gewesen wären. Die Neutriebe diese Pflanzen stehen an einem kriechenden Rhizom, weshalb man sie am besten in einer flachen Schale kultiviert. Die Blütezeit liegt hauptsächlich im Herbst. Dann öffnen sich die an einem langen Blütenstand stehenden kleinen Blüten eine nach der anderen über einen langen Zeitraum. Die ovalen Petalen und der Schuh besitzen fast durchsichtige Abschnitte, aber das wichtigste Merkmal der Blüte ist die leuchtende rote Farbe.

BLÜTE
8 cm

BLÜTENSTAND
30 cm

PFLANZENGRÖSSE
25 cm

TOPFGRÖSSE
15 cm

Phragmipedium Beauport

BLÜTE	8 cm
BLÜTENSTAND	30 cm
PFLANZENGRÖSSE	20 cm
TOPFGRÖSSE	12 cm

Diese Hybride wurde 1997 bei der Eric Young Orchid Foundation auf den Kanalinseln aus *Phrag. sargentianum* gezüchtet. Diese hellgrün blühende Art wurde 1893 erstmalig als *Selenipedium sargentianum* beschrieben. Der andere Elternteil ist die rot blühende *Phrag.-besseae*-Hybride *Phrag.* Hanne Popov. Die rundlichen Petalen und der eiförmige Schuh in Kombination mit der rosa Farbe unterscheiden *Phrag.* Beauport von anderen Hybriden dieser Gruppe. Die kleine Fahne ist ähnlich wie die Petalen gefärbt. Die Blüten öffnen sich eine nach der anderen und stehen an einem beständig weiterwachsenden, aufrechten Blütenstand, der keinerlei Stütze braucht. Die Pflanzen beginnen mit der Blüte im späten Frühjahr, wenn der Neutrieb ausgewachsen ist. Obwohl diese Orchideen leicht von allein in Teilstücke zerfallen, sind sie als Solitär mit vielen Blütenständen am beeindruckendsten.

Phragmipedium St. Ouen

Aus einer anderen ähnlichen Zuchtlinie stammend, zeigt auch diese Hybride den Variantenreichtum an Form und Farbe. Das tiefe Pink stammt wie die Haltung der breiten Petalen von *Phrag. besseae*. Der Schuh ist attraktiv gestreift, das Staminodium im Zentrum der Blüte kräftig gelb. Der andere Elternteil, *Phrag.* Hanne Popov, ist ebenfalls eine *Phrag.-besseae*-Hybride und gehört zu einer Zuchtlinie, die herausragende Hybriden hervorgebracht hat. Altert die Blüte, fällt sie ab und eine weitere Knospe entwickelt sich. Auf diese Weise dehnt sich die Blütezeit über Monate hinweg aus. *Phragmipedium* besitzt so vielleicht die längste Blühdauer unter den Orchideen.

BLÜTE
8 cm

BLÜTENSTAND
30 cm

PFLANZENGRÖSSE
20 cm

TOPFGRÖSSE
12 cm

Phragmipedium Don Wimber

Die Blüten dieser aufsehenerregenden, reich gefärbten modernen Hybride sind annähernd dreieckig geformt und werden durch einen wohlausgewogenen Schuh harmonisch ergänzt. *Phrag.* Don Wimber wurde 1995 von der Eric Young Orchid Foundation auf Jersey gezüchtet. Dabei wurde *Phrag.* Eric Young (siehe Seite 157) mit *Phrag. besseae* zurückgekreuzt, um die für diese Gruppe typische Farbe zu verstärken. Die Blüten stehen an einem hohen Blütenstand, an dessen Spitze sich immer weiter neue Knospen bilden. Die Pflanze ist kräftig und wuchsfreudig und besitzt lange, bandförmige, mittelgrüne Blätter. Diese Orchideen sollten immer gleichmäßig feucht gehalten werden, damit ihre fleischigen Blätter niemals austrocknen oder schlaff werden. Leichtes Sprühen kann hilfreich sein, wenn Sie darauf achten, dass niemals Wasser zwischen den Blättern stehen bleibt.

BLÜTE
10 cm

BLÜTENSTAND
60 cm

PFLANZENGRÖSSE
45 cm

TOPFGRÖSSE
20 cm

Phragmipedium Saint Peter

Der Namensteil „Saint" oder „St." ist ein Markenzeichen der Eric Young Orchid Foundation auf Jersey, die weltweit Ruhm und Ansehen genießt. *Phrag.* Saint Peter ist eine weitere Variation des Themas „rot blühende Hybriden". Seine Eltern sind *Phrag.* Eric Young, eine 1991 gezüchtete Primärhybride aus *Phrag. longifolium* und *Phrag. besseae* (siehe Seite 157) und *Phrag. longifolium* selbst (siehe Seite 150). Diese Art erscheint also zweimal im Stammbaum der stattlichen Hybride. Die Blütenstände sind hochgewachsen und graziös. Sie benötigen viel Kopffreiheit, damit sie sich gut entfalten können. Der Schuh dieser mit langen Petalen versehenen Kreuzung ist offener als bei anderen Hybriden, ein besonderes Merkmal dieser Blüte.

BLÜTE
12 cm

BLÜTENSTAND
45 cm

PFLANZENGRÖSSE
30 cm

TOPFGRÖSSE
15 cm

Phragmipedium Corbière

Unter den *Phragmipedium*-Hybriden finden sich einige mit sehr langen Petalen. Dieses Erkennungsmerkmal zeigt sich auch bei dieser Kreuzung zwischen dem wohlbekannten *Phrag.* Eric Young und der älteren, langpetaligen Hybride *Phrag.* Calurum. Am hochgewachsenen Blütenstand stehen mehrere lange haltende, hellrote Blüten. Die Nahaufnahme verdeutlicht die faszinierende Struktur des Schuhs. Die Blätter sind lang und bandförmig. Die Pflanze braucht viel Platz. Seit der Registrierung 1995 hat diese Hybride weltweit große Beliebtheit erlangt.

BLÜTE
10 cm

BLÜTENSTAND
60 cm

PFLANZENGRÖSSE
45 cm

TOPFGRÖSSE
20 cm

Phragmipedium Eric Young

Die in ihrer Form unverwechselbare Blüte glüht regelrecht in warmen Orangetönen. Die langen, schmalen Petalen hängen leicht herab und umrahmen den Schuh. Bis heute ist dies eine der schönsten Hybriden aus der Zuchtrichtung mit dem großartigen *Phrag. besseae*, das seine einzigartige rote Färbung auf die Kinder der Kreuzung mit *Phrag. longifolium* übertragen hat. Sie wurde 1991 gezüchtet und hat seitdem mehrere Generationen weiterer Hybriden hervorgebracht. Die großen Blüten besitzen eine leichte Textur und werden problemlos vom hochgewachsenen Blütenstand getragen. Auch die relativ kleine Fahne ist ein typisches Merkmal dieser Zuchtlinie.

BLÜTE
10 cm

BLÜTENSTAND
60 cm

PFLANZENGRÖSSE
45 cm

TOPFGRÖSSE
20 cm

Epidendrum pseudepidendrum

Epidendrum ist eine Gattung mit hochwachsenden Pflanzen, die relativ dünne, grasartige Stämme oder schlanke, einblättrige Pseudobulben besitzen, die an *Cattleya* erinnern. Verschiedene Arten der zweiten Gruppe wurden mit *Cattleya*-Arten gekreuzt und bilden die *Epicattleya*-Hybriden. *Epidendrum pseudepidendrum* gehört zu den riedartigen *Epidendrum*-Arten. Diese Gruppe umfasst einige der interessantesten Orchideen, die durch seltsam geformte Blüten mit ungewöhnlichen Farbkombinationen auffallen. Diese Art stammt aus Costa Rica, wo sie epiphytisch auf Bäumen wächst. Die Blüten erscheinen an der Spitze der grasartigen Stämme, wenn diese ihr Wachstum abgeschlossen haben. Der Blütenstand trägt mehrere Blüten und ist elegant gebogen. Die Blüten zeigen eine ungewöhnliche Kombination aus hellem Grün in den schmalen Petalen und Sepalen und dem kontrastierenden leuchtenden Orange der Lippe, was der Blüte ein glänzendes, wachsartiges Erscheinungsbild gibt, das etwas an Plastik erinnert.

PFLEGEHINWEIS
Diese Art braucht genügend Platz nach oben hin.

BLÜTE
5 cm

BLÜTENSTAND
15 cm

PFLANZENGRÖSSE
30–100 cm

TOPFGRÖSSE
18 cm

Epidendrum Plastic Doll

Wenn man sich die Blütenform dieser 1989 in Japan gezüchteten Primärhybride ansieht, ist es offensichtlich, das einer der Elternteile *Epi. pseudepidendrum* sein muss (siehe links). Sowohl Wuchsform als auch die Blüte sind sehr ähnlich. Der andere Elternteil ist *Epi. ilense*. *Epi.* Plastic Doll besitzt eine ausgedehnte Blütezeit hauptsächlich im Sommer. Danach ruht die Pflanze einige Zeit und braucht dann auch weniger Wasser. Nach und nach verlieren die alten Stämme ihre Blätter. Sie sterben dann ab und trocknen ein. Die Pflanzen gedeihen am besten in einem möglichst kleinen Topf (15 cm) und brauchen eine Stütze.

BLÜTE
5 cm

BLÜTENSTAND
15 cm

PFLANZENGRÖSSE
30–100 cm

TOPFGRÖSSE
15 cm

Epidendrum Pink Cascade

In der Gruppe der riedartigen Epidendren ist die Zahl der Hybriden begrenzt. Die Kreuzungen führten häufig zu enttäuschenden Ergebnissen, bei denen nur wenige Fortschritte zu erkennen waren. Diese Hybride bildet eine Ausnahme und stellt eine hübsche Ergänzung zu den Naturformen dar. Die Eltern dieser britischen Primärhybride sind *Epi. ilense* (siehe Seite 162) und *Epi. revolutum*. Sie wurde 1990 von Burnham Nurseries in Devon gezüchtet. Die Pflanzen sind nicht so groß und können sich leichter an die Bedingungen auf der Fensterbank anpassen. Sie blühen an den jungen, noch voll belaubten Stämmen. Der elegant geschwungene Blütenstand wächst als Verlängerung des Stamms und trägt zahlreiche rosa Blüten, deren steife Petalen weit ausgebreitet sind. Der Blütenstand bildet immer neue Blüten.

BLÜTE
5 cm

BLÜTENSTAND
15 cm

PFLANZENGRÖSSE
60 cm

TOPFGRÖSSE
15 cm

Epidendrum ciliare

Auf den Westindischen Inseln und im tropischen Amerika findet sich diese Art, die zu einer *Epidendrum*-Gruppe gehört, die durch schlanke Pseudobulben mit einem einzelnen Blatt gekennzeichnet ist. *Epi. ciliare* wurde 1759 als eine der ersten tropischen epiphytischen Orchideen beschrieben. Aus der Spitze der jüngsten Pseudobulbe bildet sich der lange Blütenstand, an dem bis zu acht Blüten stehen. Sie haben lange, schmale Sepalen und Petalen von hellgrüner Farbe. Die Lippe ist dreigeteilt mit einem langen Mittellappen und zwei Seitenlappen mit ausgefranstem Rand. Dies ist ein weiteres Beispiel für Orchideen mit solchen gefransten Rändern, deren Funktion bislang ungeklärt ist. Die Pflanzen zeigen sich im Herbst oft etwas blühfaul, vor allem wenn sie im Sommer beim Ausreifen der Bulben nicht genügend Licht bekommen haben.

BLÜTE
9 cm

BLÜTENSTAND
15 cm

PFLANZENGRÖSSE
30 cm

TOPFGRÖSSE
15 cm

Epidendrum centropetalum

Diese entzückende Art aus Mittelamerika wurde 1852 erstmalig beschrieben. Hier haben wir ein schönes Beispiel für die besondere Attraktivität gerade auch der kleinwüchsigen Arten. Pflanzen dieser Größenordnung brauchen nur wenig Raum und sind bei Platzmangel eine echte Alternative zu den „Großen". Sie lassen sich z.B. in einem ausgedienten Aquarium kultivieren, dessen Boden man mit Kies bedeckt, den man feucht hält. Diese hübsche, kleine Pflanze besitzt schlanke Stämme mit schmalen Blättern. Die Blüten stehen in einer dichten Traube an der Spitze der Stämme. Die bis zu sechs Blüten pro Rispe halten etwa drei Wochen.

BLÜTE
1 cm

BLÜTENSTAND
10 cm

PFLANZENGRÖSSE
15 cm

TOPFGRÖSSE
6 cm

PFLEGEHINWEIS
Die groß werdende Pflanze braucht ein entsprechendes Gefäß, damit sie nicht umfällt.

BLÜTE
5 cm

BLÜTENSTAND
15 cm

PFLANZENGRÖSSE
30–100 cm

TOPFGRÖSSE
18 cm

Epidendrum ilense

Diese robuste, hochwachsende Art aus Mittelamerika bildet beiderseits beblätterte Stämme, die aus der Spitze blühen, wenn ihr Wachstum abgeschlossen ist. Als neuere Entdeckung wurde die Art 1977 in einem kleinen Gebiet in Costa Rica gefunden. Die außergewöhnlichen Blüten stehen an einem schlanken, überhängenden Blütenstand und erscheinen der Reihe nach über einen langen Zeitraum, in dem immer nur drei bis vier weißliche Blüten geöffnet sind. Die blassrosafarbenen Petalen und Sepalen sind klein und ausgebreitet, die Lippe ist in der Mitte seltsam verdickt und am Rand tief gefranst. Auch alte, blattlose Bulben können noch über Jahre hinweg weiterblühen.

Epidendrum wallisii

Diese Art gehört zu einer Gruppe sommerblühender Epidendren, die man dort pflegen kann, wo nach oben genügend offener Raum vorhanden ist, damit sie ungehindert zur vollen Größe auswachsen können. An der Spitze der beidseitig beblätterten, stammartigen Pseudobulben entspringen die Blütenstände. An diesen stehen die königlich gefärbten Blüten mit den purpurfarbenen Flecken auf der tief geteilten blauvioletten Lippe und den gelborangen Sepalen und Petalen. Die terrestrische Art wurde 1875 in Kolumbien von dem Orchideensammler Gustav Wallis in einer Höhe von etwa 1500 m gefunden. Es ist nicht einfach die Pflanze zu teilen. Man muss sie über mehrere Jahre hinweg sehr groß werden lassen, bevor man diesen Schritt unternimmt.

BLÜTE
5 cm

BLÜTENSTAND
15 cm

PFLANZENGRÖSSE
45 cm

TOPFGRÖSSE
12 cm

Coelogyne speciosa

Eine Reihe von *Coelogyne*-Arten, zu denen auch diese gehört, ist durch ihre bemerkenswerte Zeichnung und Färbung der Lippe gekennzeichnet. *Coel. speciosa* stammt aus Sumatra und zeigt die besten Qualitäten dieser Gruppe. Die Blüten sind groß, die Sepalen hellbraun oder cremefarben, die Petalen sind schmal und hinter den Sepalen verborgen kaum sichtbar. Die Lippe ist von Kämmen und Haaren bedeckt und besitzt ein schokoladenbraunes Zentrum. Die Pflanzen bilden kegelförmige Pseudobulben mit jeweils zwei breit-ovalen Blättern. Die Blütenstände entspringen dem frisch wachsenden Neutrieb. Die Blüten öffnen sich nacheinander, jeweils immer nur eine auf einmal. Dadurch wird die im Spätsommer liegende Blütezeit über mehrere Wochen ausgedehnt. Die bescheidenen Hybridisierungsversuche ergaben kaum einen Fortschritt.

BLÜTE
6 cm

PFLANZENGRÖSSE
30 cm

TOPFGRÖSSE
15 cm

Coelogyne Green Dragon 'Chelsea' AM/RHS

Aus Malaysia stammt eine Gruppe von Pflanzen, die zu den wuchsfreudigsten der Gattung gehört und etwas wärmere Temperaturen bevorzugt. Sie werden recht groß und bilden daher auch größere Blüten, aber wo sich der Platz dafür findet, bieten sie mit ihren zahlreichen, kontrastreich gefärbten Blüten einen großartigen Anblick. Dieser Klon hat die apfelgrüne Färbung von *Coel. pandurata* sowie die komplexe Zeichnung der Lippe von *Coel. tomentosa* (siehe rechts) erhalten. Der Blütenstand entspringt dem Neutrieb und trägt eine Blütenkaskade.

BLÜTE
10 cm

BLÜTENSTAND
30 cm

PFLANZENGRÖSSE
45 cm

TOPFGRÖSSE
20 cm

Coelogyne tomentosa

Diese hochwachsende Naturform ist sehr beeindruckend. Die großen, eiförmigen Pseudobulben tragen jeweils zwei breit-ovale Blätter. Die Blütenstände entspringen aus dem Neutrieb und hängen über den Topfrand herab. Die zahlreichen hellbraunen Blüten mit der schokoladenbraunen Lippenzeichnung erscheinen im Frühjahr und halten bis zu drei Wochen. Die Heimat dieser Art liegt in Malaysia und auf Borneo, wo sie in den Gebirgsregionen auf Bäumen wächst. Sie ist seit vielen Jahren in Kultur und hat sich als pflegeleicht und wuchsfreudig erwiesen. Sie kann leicht durch Teilung vermehrt werden.

BLÜTE
4 cm

BLÜTENSTAND
30 cm

PFLANZENGRÖSSE
60 cm

TOPFGRÖSSE
25 cm

Ludisia discolor

Diese attraktive Erdorchidee aus China und Südostasien wird meist eher wegen der schönen Blätter als wegen der Blüte kultiviert. Sie gehört zu einer als Juwelenorchideen bezeichneten Gruppe, die durch eine attraktive, kontrastreiche rote Aderung der dunkelgrünen, samtartigen Blätter gekennzeichnet ist. In ihrer natürlichen Umgebung wächst sie im tiefen Schatten unter feuchten Bedingungen entlang bemooster Bachufer. Die Pflanze bildet vielblättrige Triebe, die einem kriechenden Rhizom entspringen. Hat der Neutrieb sein Wachstum abgeschlossen, bildet sich aus dem Zentrum der Blütenstand, der kleine, weiße Blüten trägt. Sie sollte das ganze Jahr feucht stehen. Im Winter sollte die Temperatur 13 °C nicht unterschreiten.

PFLEGEHINWEIS
Diese Art gedeiht gut an einem hellen Fenster oder in einem warmen Gewächshaus.

BLÜTE
1 cm

BLÜTENSTAND
15 cm

PFLANZENGRÖSSE
10 cm

TOPFGRÖSSE
12 cm

Barkeria lindleyana

Es gibt eine große Zahl hübscher Miniaturorchideen, die jede Sammlung bereichern können und auch auf der Fensterbank nur wenig Platz benötigen. Diese aus Guatemala stammende Art wurde 1884 entdeckt. In ihrer natürlichen Umgebung wächst sie auf Bäumen oder auf Felsen, wo sie zu beachtlicher Größe heranreifen kann. In Kultur bleibt sie meist kompakt und bildet stammartige Triebe mit einem Blütenstand, der bis zu sechs kirschrote Blüten mit gelbem Zentrum trägt. Die Blüten halten zwei bis drei Wochen. Hauptblütezeit ist der Herbst.

PFLEGEHINWEIS
Ein schattiger, feuchter Standort führt zum Wachstum dicker, gesunder Luftwurzeln.

BLÜTE
4 cm

BLÜTENSTAND
15 cm

PFLANZENGRÖSSE
12 cm

TOPFGRÖSSE
10 cm

Aspasia lunata

Dieses kleinere, wenig bekannte Mitglied der *Odontoglossum*-Gruppe besitzt kleine, längliche Pseudobulben mit einem Paar schmaler Blätter und wächst in wenigen Jahren zu einem großen Solitär heran. Man kann die Pflanze sowohl im Topf als auch hängend in einem Lattenkörbchen kultivieren. Sie blüht im Frühsommer mit kurzen Blütenständen, die jeweils eine einzelne sternförmige Blüte tragen. Die schmalen, hellgrünen Sepalen und Petalen sind braun gesprenkelt. Die Lippe ist weiß mit einem rosigen Violett im Zentrum. Die Blüten erinnern ein wenig an die von *Brassia*, mit denen sie verwandt sind.

BLÜTE
5 cm

PFLANZENGRÖSSE
15 cm

TOPFGRÖSSE
12 cm

Zygopetalum maxillare

Diese Pflanze ist etwas für Sammler. Die Art stammt aus Brasilien und wächst dort epiphytisch. Sie bildet an langen Rhizomen weit auseinanderstehende Pseudobulben, die von mehreren langen, schmalen, mittelgrünen Blättern umgeben sind. Außerdem besitzt die Pflanze lange Luftwurzeln. Am besten gedeiht sie an einem bemoosten Holzstück, das aus einem Topf mit Pflanzstoff herausragt. Alternativ kann man die Pflanze auch zusammen mit einer Sphagnum-Unterlage auf ein Stück Kork aufbinden. Die sechs bis acht wachsartigen, stark duftenden Blüten erscheinen im Herbst. Sie gehören zu den farbenprächtigsten ihrer Gattung, für die verschiedene Braun- und Violettschattierungen charakteristisch sind. Die hier gezeigte Nahaufnahme offenbart die tiefe purpurne Farbe, die an der Basis der Lippe zu sehen ist. Die hellgrünen Sepalen und Petalen sind mit bronzefarbenem Braun gefleckt und gestreift.

PFLEGEHINWEIS
Die Blätter sollte man nicht besprühen, um Flecken zu vermeiden.

BLÜTE
5 cm

BLÜTENSTAND
30 cm

PFLANZENGRÖSSE
90 cm

TOPFGRÖSSE
15 cm

Zygopetalum Luisendorf

Zygopetalum steigt in der Gunst der Liebhaber, weil immer neue Varietäten und Hybriden auf den Markt kommen. Sie sind pflegeleicht und blühfreudig. Meist stammen die Eltern aus Brasilien, und die vorherrschenden Farben sind Grün und Braun. Durch Einkreuzen anderer Arten wurde das Farbspektrum erweitert, wodurch auch die Nachfrage größer wurde. Diese neue Hybride wächst kompakt und blüht im Herbst an den Neutrieben. Die duftenden Blüten, jeweils zwei bis drei am Ende des Blütenstands gleichzeitig geöffnet, halten drei bis vier Wochen. Sie sind hell olivbraun und haben eine ausgebreitete violette Lippe mit deutlicher dunklerer Aderung. Sie bevorzugen eine kühle bis temperierte Umgebung und einen durchlässigen Pflanzstoff, damit sie im Winter nicht zu nass stehen.

BLÜTE
6 cm

BLÜTENSTAND
30 cm

PFLANZENGRÖSSE
25 cm

TOPFGRÖSSE
12 cm

Warm kultivierte Orchideen

Orchideen, die zu dieser Gruppe gehören, benötigen höhere Nachttemperaturen, aber nicht unbedingt höhere Tagestemperaturen. Da sie keine so großen Schwankungen brauchen, sind sie in tropischen Regionen, wo die Temperaturen tags und nachts, sommers wie winters nur um wenige Grade variieren, ideale Gartenpflanzen. Sie eignen sich auch gut für die Kultur im Haus und auf der Fensterbank, da es im Zeitalter der Zentralheizung einfach ist, die erforderliche nächtliche Mindesttemperatur von 18 °C zu erreichen. Die Tagestemperaturen können im selben Bereich liegen wie für die kühl bzw. temperiert zu kultivierenden Orchideen. Mit diesem engeren Temperaturbereich wird auch die Auswahl an Orchideen kleiner.

Phalaenopsis Golden Bells

Diese sehr hübsche Hybride besitzt tiefgelbe Flecken auf blassgelbem Grund, eine ungewöhnliche Kombination. Die rotbraune Zeichnung auf der weißen Lippe komplettiert das strahlende Erscheinungsbild. *Phal.* Golden Bells geht auf die bekannte *Phal.* Golden Sands zurück. Der zweite Elternteil ist *Phal. venosa*, wodurch die Blütenstände kürzer geworden sind. Die gelben Hybriden besitzen meist kleinere Blüten, und ihre Farbe bleibt über die gesamte Blütezeit stabil. Der kompaktere Blütenstand wächst auch ohne Stütze dauerhaft aufrecht. Die Pflanzen sind besonders gut geeignet, wenn der Platz knapp ist.

BLÜTE
6 cm

BLÜTENSTAND
25 cm

PFLANZENGRÖSSE
20 cm

TOPFGRÖSSE
10 cm

Phalaenopsis Paifang's Golden Lion

Ein kräftiges Leopardenmuster überlagert die blassere Grundfarbe und erzeugt den Eindruck von tiefem Purpurrot. Die seitlichen Sepalen sind durch die Mittelader geteilt, die untere Hälfte ist deutlich kräftiger gefärbt. Eine solch exquisite Färbung lässt sich nur bei diesem Hybridentyp beobachten, der wachsartige, glänzende Blüten mit perfekter Symmetrie hervorbringt. Die Einzelblüten stehen an einem kurzen Blütenstand und öffnen sich nacheinander. Sie halten sehr lange. Ist die einzelne Blüte verwelkt, entsteht an dem sich immer weiter verlängernden Blütenstand eine neue Knospe. *Phal.* Paifang's Golden Lion ist eine Mutterpflanze, die 1992 in Taiwan von Paifang's Orchid Garden gezüchtet wurde und aus der zahlreiche hervorragend gefleckte Hybriden hervorgegangen sind. Mehrfach wurde *Phal. lueddemanniana* in ihr eingekreuzt.

BLÜTE
8 cm

BLÜTENSTAND
23 cm

PFLANZENGRÖSSE
20 cm

TOPFGRÖSSE
10 cm

Phalaenopsis Follett

Bei dieser üppigen Hybride zeigen die Sepalen und Petalen ein delikates Muster aus Adern und Streifen, das wunderbar mit der perfekten Form der Blütenblätter und der dunklen Lippe harmoniert. *Phal.* Follett entstand 1993 in Kalifornien und ist das Ergebnis einer intensiven züchterischen Tätigkeit. Sie geht auf *Phal.* Doris zurück, eine Zuchtpflanze aus dem Jahre 1940. Von den philippinischen Ursprungsarten haben sich diese Hybriden weit entfernt. Diese schönen und beliebten Pflanzen werden häufig unter dem Handelsnamen „Candy Stripes" verkauft. Ausgewachsene, gut kultivierte Pflanzen bilden lange, verzweigte Rispen, an denen sich alle Blüten binnen einer Woche öffnen.

BLÜTE
8 cm

BLÜTENSTAND
75 cm

PFLANZENGRÖSSE
30 cm

TOPFGRÖSSE
12 cm

Phalaenopsis Hawaiian Darling

Wie der Name schon sagt, wurde diese hübsche, moderne Hybride auf Hawaii gezüchtet, wo viele Neuzüchtungen ihren Ursprung haben. Es handelt sich um die Rückkreuzung der aus Deutschland stammenden großblumigen *Phal.* Lippegruß mit der philippinischen *Phal. stuartiana.* Diese vielblütige Naturform trägt auf den lateralen Sepalen und der Lippe ein braunes Leopardenmuster. Bei dieser Hybride hat sich diese Zeichnung als rosa Flecken auf den seitlichen Sepalen manifestiert, die teilweise von den wohlgeformten Petalen verdeckt werden. Die weißen Blüten sind leicht rosa überhaucht, ein Einfluss der rosafarbenen Eltern. Auch der elegant überhängende Blütenstand mit seinen natürlich kaskadierenden Blüten ist ein besonderes Qualitätsmerkmal dieser zwei- bis dreimal im Jahr blühenden Hybride, deren schöne Blüten über mehrere Wochen halten.

BLÜTE
6 cm

BLÜTENSTAND
75 cm

PFLANZENGRÖSSE
10 cm

TOPFGRÖSSE
10 cm

Phalaenopsis San Luca

BLÜTE	9 cm
BLÜTENSTAND	75 cm
PFLANZENGRÖSSE	30 cm
TOPFGRÖSSE	12 cm

Die tiefe Farbgebung dieser hübschen, modernen Hybride ist recht ungewöhnlich und wurde durch die intensive züchterische Tätigkeit in Kalifornien erreicht, wo junge Pflanzen in kürzester Zeit zur Blüte kommen. Das macht die Selektion einfacher. Die konsequente Verfolgung von Zuchtlinien hat wie bei *Phal.* Follett zu der ausgeprägten Zeichnung auf den Sepalen und Petalen geführt. Hinzu kommt eine Intensivierung der Farbe der rubinroten Lippe. Die großen Blüten stehen am Ende eines langen Blütenstands. Nach der ersten Blüte lässt sich durch das Abschneiden oberhalb eines Knotens die Bildung eines Seitenzweiges induzieren, wie man es bei fast allen *Phalaenopsis* tun kann. Bei den langstieligen Hybriden ist dies aber besonders erfolgreich. Allerdings sind die Blüten an sekundären Blütenständen meist kleiner, außerdem schwächen sie auch die Pflanze, wenn man dies zu oft macht.

Phalaenopsis Brother Buddha

Die Hybriden der Firma Brother sind das Ergebnis intensiver züchterischer Tätigkeit auf Taiwan. Diese Kreuzung aus *Phal.* Fortune Buddha und *Phal.* Brother Angel wurde 1992 von der Brothers Orchid Nursery gezüchtet. Die gelb blühenden Hybriden haben meist kleinere Blüten, was aber durch die tiefe Farbe und die hübsche Zeichnung ausgeglichen wird. Die Pflanzen sind kompakter, die Blütenstände kürzer und weniger reich besetzt. Die Blüten präsentieren sich an den aufrechten Blütenständen besser als an den überhängenden Blütenständen der weiß bzw. rosa blühenden *Phalaenopsis*. Im Alter verlieren die Blüten etwas von ihrer Intensität und verblassen leicht. Vor dem Abfallen wirken manche fast transparent.

BLÜTE
6 cm

BLÜTENSTAND
25 cm

PFLANZENGRÖSSE
30 cm

TOPFGRÖSSE
12 cm

BLÜTE	9 cm
BLÜTENSTAND	75 cm
PFLANZENGRÖSSE	30 cm
TOPFGRÖSSE	12 cm

Phalaenopsis Culiacan

Die perlweißen Sepalen und Petalen bilden einen wunderbaren Kontrast zum Gelb der Lippe. Diese Blüten erinnern von ihrem Erscheinungsbild her stark an die Naturformen, die schon den Blick der frühen Entdecker magisch anzogen, die diese exotischen Pflanzen von den obersten Ästen der Urwaldriesen auf den Philippinen sammelten. Diese französische Hybride wurde 1992 von Zuma Canyon angemeldet und ist das Ergebnis einer langen Zuchtlinie, deren Ziel die Reinheit der Farben ist. Die Eltern sind *Phal.* Gato und *Phal.* Fairy Tales. Die Zuchtlinie geht auf *Phal.* Cassandra zurück, ein Meilenstein und eine Primärhybride aus *Phal. equestris* und *Phal. stuartiana*, 1896 von Veitch in England gezüchtet.

Phalaenopsis Sweet Memory

Durch die Einführung von *Phalaenopsis violacea* wurde eine weitere Dimension in der Züchtung von *Phalaenopsis* eröffnet, die hier mit der 1927 gezüchteten *Phal.* Deventeriana gekreuzt wurde. Während *Phal. violacea* die Textur, die Form und die Lippe von *Phal.* Sweet Memory stark beeinflusst hat, stammt die Farbgebung von *Phal.* Deventeriana. Die Einzelblüte ist intensiv gefärbt und besitzt eine dunklere Zeichnung auf einem helleren Grund, was einen schönen Kontrapunkt zur Lippe setzt. Die Blüten weisen eine festere Textur auf und sind offener, sternförmiger als die der konventionellen Hybriden. Die Pflanzen können eine ansehnliche Größe erreichen und bilden lange, verzweigte Blütenstände. Die Hauptblütezeit liegt im Sommer. Diese Kreuzung wurde mehrfach wiederholt, um moderne Hybriden zu erzeugen. *Phal.* Sweet Memory ist ein typisches Beispiel für diese Gruppe moderner Hybriden.

BLÜTE	8 cm
BLÜTENSTAND	60 cm
PFLANZENGRÖSSE	38 cm
TOPFGRÖSSE	15 cm

Phalaenopsis Pink Twilight

Diese anziehende Blüte ist typisch für die rosafarbenen *Phalaenopsis* und wurde durch mehrfaches Einkreuzen der von den Philippinen stammenden Arten *Phal. schilleriana* und *Phal. sanderiana* erzeugt. *Phal.* Pink Twilight hat große, attraktive Blüten, die in zwei Reihen an einem langen, überhängenden Blütenstand stehen. Sie erscheinen zu unterschiedlichen Zeiten im Jahr und halten viele Wochen. Die Nahaufnahme zeigt die komplexe Struktur der Lippe mit ihrer detailreichen Zeichnung, die eine geheime Botschaft an das bestäubende Insekt darstellt. Durch gezielte Selektion wurden diese Details verstärkt und an unseren Geschmack angepasst. Es gibt zahlreiche Hybriden mit diesem Farbspektrum, die bis zu dreimal im Jahr blühen können.

Phalaenopsis Romantic Tango

Eines der wichtigsten Ziele dieser langen Zuchtlinie waren weiße oder rosafarbene Blüten mit einer delikaten Zeichnung und einer intensiv gefärbten Lippe, um eine Ergänzung zu den einfarbig weißen oder roten *Phalaenopsis*-Hybriden zu schaffen. Die Eltern diese französischen Hybride sind *Phal.* Culiba, eine holländische Hybride aus dem Jahre 1994, und *Phal.* Boutique, eine deutsche Hybride aus dem Jahre 1892. Die Blüten stehen so dicht an langen Blütenständen, dass sie sich gegenseitig überdecken. Sie erscheinen zu unterschiedlichen Zeiten im Jahr und sind im Frühjahr und im Sommer intensiver gefärbt als im lichtarmen Winter.

BLÜTE
8 cm

BLÜTENSTAND
45 cm

PFLANZENGRÖSSE
30 cm

TOPFGRÖSSE
12 cm

BLÜTE
8 cm

BLÜTENSTAND
30 cm

PFLANZENGRÖSSE
30 cm

TOPFGRÖSSE
12 cm

Phalaenopsis Fajen's Fireworks

Hybriden, die in einem Teil der Welt gezüchtet werden, erzeugen oft ein Echo in einem anderen Land. Alle Züchter streben nach ähnlichen Zielen. Dieses Beispiel zeigt eine in Frankreich beliebte Kreuzung, die dort unter bestimmten Standortbedingungen für den Weltmarkt produziert wird, was bedeutet, dass sie nach dem Verkauf möglicherweise unter anderen Bedingungen weiterwachsen muss. Die Vitalität dieser Pflanzen ist jedoch so groß, dass sie überall gedeihen können. *Phal.* Fajen's Fireworks wurde in Florida von Fajen's Orchids and Exotics gezüchtet. Sie geht auf *Phal. stuartiana* und auf *Phal.* × *intermedia* zurück. Aus ihnen wurden 1991 die Eltern dieser Hybride gezüchtet: *Phal.* Dame de Coeur und *Phal.* Kathleen Ai. Die zarte Aderung, die zum Rand hin in eine Punktierung übergeht, bildet einen schönen Kontrast zur intensiv gefärbten Lippe.

BLÜTE
8 cm

BLÜTENSTAND
45 cm

PFLANZENGRÖSSE
30 cm

TOPFGRÖSSE
12 cm

Phalaenopsis Lipperose

Diese zart gefärbte Hybride stammt aus Deutschland und wurde 1968 aus *Phal.* Ruby Wells und *Phal.* Zada gezüchtet. Sie ist das Ergebnis einer langen Zuchtlinie von rosafarbenen Hybriden, die sich überall auf der Welt großer Beliebtheit erfreuen. Anfangs war diese Hybride ihrer Zeit weit voraus. Sie war eine der ersten *Phalaenopsis* mit großen, rosafarbenen Blüten und löste damit die großen, weißen Hybriden ab. Die zarten Schattierungen haben sich von den Ursprungsarten erhalten. Eine gut kultivierte Pflanze, die sich als blühfaul erweist, kann manchmal durch das Absenken der Nachttemperatur für mehrere Wochen zur Blüte angeregt werden.

BLÜTE
8 cm

BLÜTENSTAND
30 cm

PFLANZENGRÖSSE
30 cm

TOPFGRÖSSE
12 cm

Phalaenopsis Yellow Treasure

BLÜTE	8 cm
BLÜTENSTAND	30 cm
PFLANZENGRÖSSE	30 cm
TOPFGRÖSSE	12 cm

Phal. Yellow Treasure ist ein Beispiel der klaren gelben Hybriden für die Liebhaber von einfachen und eleganten Blüten. Sie ist eine der neuesten gelben Züchtungen aus dem Pazifikraum, wo expandierende Gärtnereien für den weltweiten Export produzieren. Das Farbspektrum gelber *Phalaenopsis* reicht von fast Weiß mit leichtem gelbem Hauch bis zu tief getönten einfarbigen Blüten mit einem fast goldenen Schimmer. Sie bilden einen Kontrast zu den limettengrünen Blüten, die auch an heißen Tagen noch kühl aussehen.

Phalaenopsis Little Skipper

Eine hübsche Gruppe stellen die „Zwerg-*Phalaenopsis*" dar. Diese kleinwüchsigen Hybriden zeigen zahlreiche Blüten und bilden kompakte Pflanzen. Sie blühen zuverlässig mehrmals im Jahr und können manchmal sogar durchgehend blühen, wenn sich neue Blütenstände bilden, während die alten langsam abblühen. Die Hauptfarben sind Rosa, Rot und Weiß. Oft bestimmen besonders die dunkleren Lippen das Erscheinungsbild der Blüte. Der elegant gebogene Blütenstand kann überhängen, wenn man ihn nicht stützt. Die Hauptblütezeit ist der Herbst oder der Winter. *Phal.* Lady Skipper wurde 1991 in Kalifornien gezüchtet und stellt den Anfang einer Zuchtlinie dar, die ihre Qualitäten im Laufe der Zeit noch beweisen muss.

BLÜTE
5 cm

BLÜTENSTAND
23 cm

PFLANZENGRÖSSE
15 cm

TOPFGRÖSSE
10 cm

Phalaenopsis Petite Snow

Die Züchtung mit kleineren *Phalaenopsis*-Arten hat zu Hybriden mit kleineren, aber zahlreicheren Blüten an kürzeren Blütenständen geführt. *Phal.* Petite Snow geht auf die in der Züchtung viel verwendete *Phal.* Cassandra zurück. Durch Rückkreuzung mit *Phal. stuartiana* entstand 1985 bei Richella auf Hawaii die Grundlage für viele weitere klein bleibende Hybriden. Dieses kleine Juwel vereint die Qualitäten der größeren rosa Hybriden mit der geringen Größe und ist ideal, wenn das Platzangebot begrenzt ist oder die Größe der eigenen Sammlung zunimmt. Die Blüten öffnen sich gleichzeitig an dem elegant geschwungenen Blütenstand, der kaum eine Stütze braucht. Für diese Pflanze ist es normal, wenn sie mehrere Blütenstände gleichzeitig hervorbringt.

BLÜTE
5 cm

BLÜTENSTAND
23 cm

PFLANZENGRÖSSE
15 cm

TOPFGRÖSSE
10 cm

Phalaenopsis Hisa Lady Rose

Phalaenopsis Hisa Lady Rose ist eine Kreuzung aus *Phal.* Otohime und *Phal.* Paradise Glow und wurde 1988 in Japan gezüchtet. Sie ist die jüngste in einer Reihe von japanischen Hybriden, die auf die bekannte *Phal.* Doris und *Phal.* Zada zurückgeht. Diese beiden stammen aus Amerika und Deutschland und zeigen, wie global die *Phalaenopsis*-Züchtung ist. *Phalaenopsis* gehören vor allem für Anfänger zu den lohnendsten und pflegeleichtesten Orchideen, da sie wuchsfreudig und blühwillig sind. Sie kommen mit den Bedingungen im Haus bestens zurecht. Bei sorgfältiger Pflege gedeihen die Pflanzen über viele Jahre hinweg, ohne zu groß oder zu unhandlich zu werden. Ihre Größe reguliert sich selbst, da normalerweise für jedes abgeworfene Blatt ein neues aus der Mitte der Pflanze entsteht.

BLÜTE
9 cm

BLÜTENSTAND
75 cm

PFLANZENGRÖSSE
30 cm

TOPFGRÖSSE
12 cm

Doritaenopsis Pinlong Gleam

Diese Hybride wurde 1982 in einer taiwanesischen Gärtnerei gezüchtet und ist das Produkt mehrfacher Einkreuzung von verschiedenen Klonen von *Phalaenopsis (= Doritis) pulcherrima*. Im Stammbaum finden sich auch *Phal.* Doris und *Phal.* Zada, die auch schon in anderen hier vorgestellten Hybriden vertreten sind. Die Blüten sind offener und eher sternförmig. Sie besitzen eine bei *Phalaenopsis* seltene Farbintensität. Die kleinen Blüten stehen an einem aufrechten Blütenstand. Die Sepalen und Petalen sind leicht gewölbt.

BLÜTE
8 cm

BLÜTENSTAND
30 cm

PFLANZENGRÖSSE
30 cm

TOPFGRÖSSE
12 cm

Doritaenopsis Quevedo

Diese sehr hübsche Hybride hat ihren Ursprung in Kalifornien und gehört zu einer Gruppe, die aus kleineren Arten wie *Phal. equestris* hervorgegangen ist. Diese Naturform hat zahlreiche rosa Blüten an kurzen Blütenständen. Sie wurde mit der größeren *Phal. stuartiana* gekreuzt. Dies ergab *Phal.* Cassandra, die eine beliebte Mutterpflanze der Züchter war und ist. Zwei Generationen später wurde die *alba*-Form von *Phalaenopsis (= Doritis) pulcherrima* eingekreuzt und diese schöne, weiß blühende Hybride erschien. Der reich verzweigte Blütenstand stammt von *Phal. equestris*, die sich auch in der Form der Lippe wiederfindet. Diese Hybride zeigt einen fantastischen Blütenflor an einer kompakten Pflanze mit einem zauberhaften Kontrast zwischen den weißen Blütenblättern und der kirschroten Lippe.

BLÜTE
5 cm

BLÜTENSTAND
75 cm

PFLANZENGRÖSSE
10 cm

TOPFGRÖSSE
10 cm

Phalaenopsis (= *Doritis*) *pulcherrima* 'Chumpenensis'

Diese Naturform und dieser Klon sind für sich genommen schon sehr beliebt, genau wie die zahlreichen Hybriden. Die ursprünglich 1833 in Vietnam gefundene Art ist sehr variabel, und es gibt eine große Zahl von Farbvarianten. Die kleinen Blüten öffnen sich von unten nach oben am aufrechten Blütenstand, bis die gesamte Rispe in Blüte steht. Normalerweise sind die Blüten einfarbig rosa, aber der Klon 'Chumpenensis' zeigt eine ungewöhnliche Mutation, wodurch sich das Farbmuster der Lippe auf den Petalen wiederholt. Die Blüten erscheinen zu jeder Jahreszeit und halten für mehrere Wochen.

BLÜTE
2 cm

BLÜTENSTAND
30 cm

PFLANZENGRÖSSE
15 cm

TOPFGRÖSSE
10 cm

Doricentrum Pulcherrimum

Durch die Kreuzung von *Phalaenopsis* oder *Doritis* mit *Ascocentrum* entsteht eine völlig neue Hybridengruppe mit kräftig gefärbten Blüten und charakteristischer Form. Diese Zweigattungshybride wurde 1969 erstmalig registriert. Kürzlich wurde in Florida diese Hybride aus *Ascocentrum miniatum* und *Phalaenopsis (= Doritis) pulcherrima* gezüchtet, aber sonst sind erst wenige andere Hybriden dieses Typs bekannt. Die Sepalen und Petalen stehen steif nach außen, aber die Lippe besitzt eine eigenartige Form, die auf *Asctm. miniatum* zurückzuführen ist. Die anmutigen Blüten erscheinen an einem aufrechten Blütenstand. Hauptblütezeit ist der Sommer. Da diese Zuchtlinie noch sehr neu ist, findet man diese Pflanzen hauptsächlich in Orchideengärtnereien, wo ihre auffälligen Farben für eine große Nachfrage sorgen.

BLÜTE
1 cm

BLÜTENSTAND
15 cm

PFLANZENGRÖSSE
10 cm

TOPFGRÖSSE
10 cm

Schlechterara Su-Fun Beauty 'Orange Bell'

In der Verwandtschaft von *Vanda* gibt es eine Reihe von Gattungen, mit denen sich zahlreiche Mehrgattungshybriden erzeugen lassen, wodurch sich die Bandbreite dieser Gruppe stark vergrößert. Die Gattung *Ascocentrum* beinhaltet wenige, aber leuchtend gefärbte Arten, die in der Kreuzung mit *Vanda* einige der brillantesten Farben der Orchideenwelt hervorbringen. So werden *Asctm. miniatum* und die daraus resultierenden *Ascocenda*-Hybriden mit den feurig orangen, roten und purpurnen Blüten sehr geschätzt. *Schlechterara* Su-Fun Beauty wurde 1984 in Malaysia gezüchtet und geht auf eine lange Zuchtlinie zurück, die mit *Asctm. miniatum*, *Asctm. curvifolium*, *Vanda coerulea* und *Euanthe sanderiana* beginnt.

BLÜTE
9 cm

BLÜTENSTAND
20 cm

PFLANZENGRÖSSE
45 cm

TOPFGRÖSSE
12 cm

Schlechterara Fuchs Yellow Snow

Diese Pflanze fügt dem ohnehin breiten Farbspektrum dieser Mehrgattungshybride eine weitere Dimension hinzu. Das dorsale Sepalum und die Petalen sind weiß und tragen eine leichte rote Punktierung. Die Sepalen zeigen auf gelbem Grund ein fein punktiertes Netzmuster. Diese neuartige Hybride entstand 1991 aus *Schlechterara* (= *Ascocenda*) Phak Hai und *Vandanthe* (= *Vanda*) Charlie Clark. Der Einfluss der *Ascocenda* ist in dieser Hybride stark zurückgegangen. Die Blüten sind in Färbung und Musterung von *Euanthe sanderiana* geprägt.

BLÜTE
6 cm

BLÜTENSTAND
30 cm

PFLANZENGRÖSSE
45 cm

TOPFGRÖSSE
12 cm

Schlechterara Fuchs Flame

BLÜTE
4 cm

BLÜTENSTAND
20 cm

PFLANZENGRÖSSE
45 cm

TOPFGRÖSSE
12 cm

Dies ist eine weitere kräftig gefärbte Hybride, die 1985 durch die Kreuzung von *Schlechterara* (= *Ascocenda*) Laksi und *Ascocentrum curvifolium* erzeugt wurde. Da die Eltern von *Sch.* Laksi *Schlechterara* Thonglor und *Asctm. curvifolium* sind, findet sich ein hoher Anteil dieser Naturform in *Sch.* Fuchs Flame. Diese „doppelte Dosis" äußert sich in den dicht gepackten, intensiv gefärbten Blüten. Die Hybriden sind unter guten Bedingen sehr blühfreudig. Hauptblütezeit ist der Sommer, wobei die Pflanzen allerdings fast zu jeder Jahreszeit zur Blüte kommen können. Von entscheidender Bedeutung ist die Luftfeuchtigkeit, die immer im ausgewogenen Verhältnis zur Temperatur stehen sollte.

Schlechterara Fuchs Sunkist 'Mike' AM/AOS

Diese herausragende Hybride wurde 1987 in Florida gezüchtet und durch die American Orchid Society bewertet. In ihr sieht man die Farben der tropischen Sonne, unter der sie gewachsen ist. Robert Fuchs ist einer der führenden Züchter dieser Orchideen und seine Gärtnerei in Florida besitzt Weltruhm. Die Eltern dieser Kreuzung sind *Sch.* Yasathon und *Sch.* Laksi, beide können über viele Generationen zurückverfolgt werden, bis man zu den Naturformen kommt. Am besten gedeihen diese Pflanzen in einem warmen Gewächshaus. Diese als Juwelen des Orients bekannten Orchideen wurden aber auch für die Pflege im Haus gezüchtet. Kultiviert man sie in leichtem Schatten in einem Lattenkörbchen, nehmen sie die epiphytische Lebensweise der Naturformen auf und bilden bei regelmäßigem Besprühen ein dichtes Geflecht von fleischigen Luftwurzeln. (Siehe Seite 57 für eine andere Ansicht dieser Pflanze.)

BLÜTE
9 cm

BLÜTENSTAND
20 cm

PFLANZENGRÖSSE
45 cm

TOPFGRÖSSE
12 cm

Schlechterara Blue Boy 'Indigo' AM/AOS

Viele Hybriden der *Vanda*-Gruppe zeigen die bei Orchideen sehr seltene blaue Blütenfarbe und sind deshalb so beliebt. Nur Vandeen haben der Orchideenwelt dieses Spektrum vom hellsten Himmelblau bis zu den lebhaften Farben dieser *Schlechterara* beschert. Die Eltern dieser gefeierten amerikanischen Hybride aus dem Jahr 1967 sind *Schlechterara* Meda Arnold und *Vanda coerulea*. Letztere erscheint im Stammbaum dieser Hybride zwei Mal und bestimmt das Aussehen der Blüten, während die anderen Vorfahren nur geringen Einfluss erkennen lassen. Außerhalb der Tropen können diese Pflanzen ihr volles Potenzial nur schwer ausschöpfen. Im Vergleich zu Florida und Thailand sind Licht und Wärme häufig nicht im ausreichenden Maße vorhanden, was einen Liebhaber jedoch nicht abhalten kann.

BLÜTE
5 cm

BLÜTENSTAND
30 cm

PFLANZENGRÖSSE
45 cm

TOPFGRÖSSE
12 cm

Vandanthe Varavuth

| BLÜTE |
| 5 cm |
| BLÜTENSTAND |
| 15 cm |
| PFLANZENGRÖSSE |
| 30 cm |
| TOPFGRÖSSE |
| 12 cm |

Die schöne *Vandanthe* Varavuth wurde in Thailand gezüchtet und wo immer sie genügend Licht findet, erfreut sie mit ihren exquisiten hellblauen Blüten. Die Farbe gleicht der der burmesischen Naturform *Vanda coerulea*, aus der so viele der fabelhaften blauen Vandeen gezüchtet wurden. Außer diesem bei Orchideen seltenen Blau kann man bei Vandeen auch fast alle anderen Farben und Farbkombinationen finden. *Vandanthe* Varavuth gedeiht unter warmen Bedingungen ebenso wie unter kühleren und kann somit auch außerhalb der Tropen erfolgreich kultiviert werden.

Vanda Amoena 'Fuchs Sky' HCC/AOS

Die brillant gefärbten Blüten dieser *Vanda* haben große gerundete Sepalen und Petalen und eine zierliche Lippe, was für eine solch beliebte Orchidee eigentlich seltsam ist. Das schachbrettartige Farbmuster ist charakteristisch und überzieht die ganze Blüte. Anfangs sind die Blüten schieferblau und benötigen einige Tage, um in einem Reifungsprozess ihre wahre blaue Farbe zu entwickeln. Ursprünglich 1899 in einer Sammlung aufgetaucht und 1959 erstmals nachgezüchtet, wurde diese Primärhybride aus *Vanda tessellata* und *V. coerulea* in jüngster Zeit mehrfach mit selektierten Eltern in den USA nachgekreuzt. Diese Nachzuchten bildeten den Grundstein für eine Reihe neuer Zuchtlinien. Die Pflanzen lieben viel Licht und gedeihen in tropischen Regionen des Fernen Ostens am besten, wo sie oft mehrmals im Jahr blühen. Dort wird zurzeit auch die meiste züchterische Arbeit geleistet. In kühleren Regionen sind sie leider weniger blühfreudig und stellen eine Herausforderung für den Liebhaber dar.

BLÜTE
9 cm

BLÜTENSTAND
20 cm

PFLANZENGRÖSSE
45 cm

TOPFGRÖSSE
12 cm

Vandanthe Memoria Lyle Swanson 'Justin Grannel'

Dieser besondere Klon steht für alles, was *Vanda* außergewöhnlich macht. Die kräftig gefärbten Blüten besitzen eine beachtliche Größe, eine runde, geschlossene Form und stehen dicht an einem aufrechten Blütenstand. Über zahlreiche Generationen hinweg wurden die Farben der beteiligten Naturformen intensiviert und die Haltung und Form der Blüten verbessert. Das intensive Purpur der Blüten entsteht durch die Überlagerung mehrerer Farben. Besonders deutlich ist der Einfluss von *V. tesselata* zu sehen, der sich in der mosaikartigen Zeichnung äußert. Diese Hybride wurde 1991 in Florida von Robert Fuchs gezüchtet.

BLÜTE
9 cm

BLÜTENSTAND
30 cm

PFLANZENGRÖSSE
45 cm

TOPFGRÖSSE
12 cm

Vanda cristata

Diese aus dem Hochland Nepals stammende Art wurde 1818 eingeführt. Sie wurde in die Royal Botanic Gardens in Kew geschickt und 1833 erstmals beschrieben. Sie ist sehr pflegeleicht, gelangt problemlos zur Blüte und kann überall in einem temperierten Klima kultiviert werden, wo sie meist im Sommer und im Herbst blüht. Die reizenden, kleinen Blüten mit ihrem klaren Grün auf den Sepalen und Petalen und der seltsam geformten Lippe mit weißen und roten Streifen stehen an einem kurzen Blütenstand, der zwischen den Blattachseln am Stamm entspringt. Die Pflanzen wachsen kompakt mit hellgrünen Blättern, obwohl gut kultivierte auch recht groß werden können.

PFLEGEHINWEIS
Der optimale Temperaturbereich liegt zwischen 10 °C nachts und max. 30 °C tagsüber.

BLÜTE
2 cm

BLÜTENSTAND
5 cm

PFLANZENGRÖSSE
15 cm

TOPFGRÖSSE
8 cm

Vanda tricolor var. suavis

Diese variable Art wurde ursprünglich 1846 von Thomas Lobb, einem der berühmten Gebrüder Lobb, die für Veitch gesammelt haben, in Java gefunden. Obwohl weniger verbreitet als viele der Hybriden, wird sie wegen der unverwechselbaren Blütenform und der Tönung von Liebhabern gern kultiviert. Die Färbung kann von einem hellen Creme bis Gelb reichen, die Zeichnung zeigt sich variabel rot bis braun. Die abgebildete Pflanze ist ein außergewöhnlichen Klon. Die seltsam geformte Lippe kann blauviolett bis rotbraun gezeichnet sein. Die duftenden Blüten öffnen sich während des Herbsts und Winters und halten recht lange. Wird die Pflanze zu groß, kann man sie teilen, wenn die beiden Teilstücke genügend Luftwurzeln gebildet haben.

BLÜTE
5 cm

BLÜTENSTAND
30 cm

PFLANZENGRÖSSE
90 cm

TOPFGRÖSSE
30 cm

Calanthe Prinsesse Alexandra

BLÜTE
4 cm

BLÜTENSTAND
70 cm

PFLANZENGRÖSSE
60 cm

TOPFGRÖSSE
12 cm

Diese neue Hybride aus Dänemark wurde 1997 aus *Cal. rosea* und *Cal.* Grouville gezüchtet. Die Blüten zeigen viele Merkmale der Naturform. Sie sind hellrosa, besitzen eine zarte Textur und stehen am Ende eines langen, elegant geschwungenen Blütenstandes. Sie halten für viele Wochen, da der Blütenstand an seiner Spitze immer neue Knospen bildet. Hauptblütezeit ist der Winter. Im Sommer benötigt die Pflanze eine warme Umgebung, die ihrem schnellen Wachstum Rechnung trägt. Die silbergrauen Pseudobulben haben eine kürzere Lebensspane als bei anderen Orchideen und sterben nach zwei Jahren ab, nachdem sie ein oder zwei Neutriebe gebildet haben. Wenn man die Pflanze im Frühjahr neu topft, kann man die Bulben voneinander trennen und des besseren optischen Effekts wegen zusammen in einen Topf pflanzen.

Reinikkaara Renée Gerber 'Fuchs Confetti' HCC/AOS

Diese aus vier Gattungen gezüchtete Hybride entstand 1990 bei Robert Fuchs und kombiniert die besten Qualitäten aus *Aerides*, *Ascocentrum*, *Vanda* und *Euanthe*. Die farbenprächtigen, gefleckten Blüten haben eine wachsartige Textur mit einer unverwechselbaren Lippe, die ebenso wie der Duft auf das Erbe von *Aerides lawrenceana* zurückgeht. Der Blütenstand mit den zahlreichen Blüten ist elegant geschwungen. Die Pflanzen sind kompakter und können auch bei gemäßigteren Temperaturen kultiviert werden als andere *Vanda*-Hybriden.

BLÜTE
5 cm

BLÜTENSTAND
30 cm

PFLANZENGRÖSSE
45 cm

TOPFGRÖSSE
12 cm

Die Orchideenkultur

Die Mehrzahl der Orchideen sind Epiphyten und bevorzugen eine luftige Lebensweise, an die sich ihre Wurzeln angepasst haben. Die Hybriden haben dieselben Grundbedürfnisse, ungeachtet der Tatsache, dass sie seit vielen Generationen kultiviert werden. Dies unterscheidet die Kultur von Orchideen von der Pflege anderer Pflanzengruppen.

Pflanzstoff

Was einen guten Pflanzstoff für die Kultur epiphytischer Orchideen ausmacht, wird seit über 200 Jahren diskutiert. Da man immer noch mit verschiedenen Materialien experimentiert, werden die Pflanzstoffe fortlaufend beobachtet und verbessert. Auch sind die Kulturpraktiken weltweit verschieden, und Materialien können von Ort zu Ort unterschiedlich leicht zu beschaffen sein.

Die erste Grundbedingung für einen guten Orchideenpflanzstoff ist die gute Durchlässigkeit. Er sollte offen sein, gut durchlüftet und gut dränierend. Außerdem sollte er der Pflanze Halt geben und genügend Feuchtigkeit bereitstellen, damit die Wurzeln ausreichend Zeit zur Wasseraufnahme haben. Er sollte sich nur langsam zersetzen, leicht handhabbar und einfach zu bekommen sein. Am weitesten verbreitet sind Pflanzstoffe auf Rindenbasis. Sie sind überall in verschiedener Körnung zu bekommen und bestehen aus den Rindenabschnitten von kommerziell genutzten Bäumen. In Europa sind es meist Wald-Kiefer und Schwarz-Kiefer, in Amerika Rotzedern.

Es gibt verschiedene Abwandlungen dieses Rindensubstrats. Sie können z.B. Torf hinzufügen, um die Wasserhaltefähigkeit zu erhöhen, was für Orchideen mit dicken Wurzeln wie *Cymbidium* oder *Zygopetalum* wichtig sein kann. Auch für Liebhaber mit unregelmäßigem Gießverhalten ist dies durchaus hilfreich. Als Ersatz für Torf eignen sich Baumfarnfasern, Holzkohle oder Birkenholzraspel.

LINKS
Die meisten Orchideen gedeihen in einem organischen Pflanzstoff auf Rindenbasis, der gute Dränage und Durchlüftung bietet.

Auch eine Reihe künstlicher Materialen ergeben gute Pflanzstoffe. Dazu gehören z.B. Steinwolle und Schaumstoff. Beide bestehen aus künstlich hergestellten Fasern und besitzen ähnliche Eigenschaften, die ein guter Pflanzstoff haben sollte. Sie sind stabil und können daher selbst keine Nährstoffe beitragen. Der Vorteil dieser Materialien liegt darin, dass die Pflanzen über mehrere Jahre darin stehen können und man sie ohne die Gefahr einer Infektion feuchter halten kann. Da es keine Zersetzung gibt, verändert sich der Pflanzstoff jahrelang nicht. Allerdings muss man die Pflanzen regelmäßig mit allen Nährstoffen versorgen, die sie zum Wachstum brauchen. Sie sollten diese Pflanzstoffe daher nur verwenden, wenn Sie schon mit Rindensubstraten Erfahrungen gesammelt haben.

Es gibt zwei Typen von Steinwolle: wasseranziehend und wasserabweisend. Diese lassen sich miteinander mischen, um exakt die Eigenschaften zu erhalten, die man gerade benötigt.

Eine Reihe von anderen Materialien kann ebenfalls allein oder zusammen mit Rinde als Pflanzstoff dienen. Dazu gehören Schaumstoffe und Blähtongranulate. Diese Materialien sind gut luftdurchlässig sowie wasseranziehend und helfen, die Feuchtigkeit zu halten.

Jeder Pflanzstoff sollte vor der Verwendung gründlich gewässert werden. Trockener Pflanzstoff ist schwer zu verarbeiten und benötigt viel Zeit, um im Topf wieder Wasser aufzunehmen, was der neu getopften Pflanze schaden kann.

Bei der Verwendung von künstlichen Materialien sollte man immer darauf achten, keinen Staub einzuatmen und Handschuhe zu tragen. Mischen Sie nur so viel Pflanzstoff, wie Sie benötigen. Besonders organische Mischungen fördern die Bildung von Pilzen, die den Säuregrad verändern können. Lassen Sie sich bei der Wahl des Pflanzstoffs von Ihrem Gärtner beraten, und verwenden Sie für alle Pflanzen ein einheitliches Substrat. Ziehen Sie einen Wechsel für einzelne Pflanzen nur dann in Betracht, wenn sie nicht gut gedeihen. Auf jeden Fall sollte man einen häufigen Wechsel vermeiden, da er die Pflanzen nur unnötig schwächt, und organische und künstliche Materialien nicht mischen. So ist es z.B. nicht gut, einen Wurzelballen in organischem Pflanzstoff in Steinwolle umzusetzen.

Gießen

Orchideen besitzen einen langsamen Stoffwechsel. Viele folgen einem jahreszeitlichen Rhythmus von Wachstum und Ruhezeit. Während des Wachstums müssen die Wurzeln gleichmäßig feucht gehalten werden.

Dabei darf der Pflanzstoff nicht zu nass und nicht zu trocken sein. Seine offene Struktur sollte sicherstellen, dass das Wasser in wenigen Sekunden ablaufen kann und nur genügend Feuchtigkeit um die Wurzeln herum übrig bleibt. Diese können sonst leicht Fäulnis bekommen.

OBEN
Verschiedene Orchideenpflanzstoffe: Rindenstücke in drei Körnungen (Mitte, links und hinten), eine Mischung aus Schaumstoff und getrocknetem Moos (vorne) und Steinwolle (ganz rechts)

LINKS
Mit einer Gießkanne mit langer Tülle kann man die Oberfläche des Pflanzstoffs gut benässen. Das Wasser versickert schnell und durchtränkt den Wurzelballen.

Das Gießen bereitet dem Anfänger mehr Sorgen als irgendein anderer Aspekt der Orchideenpflege, da die Pseudobulben und der Pflanzstoff keine Anzeichen bieten, wann eine Pflanze wieder Wasser braucht. Obwohl die Oberfläche des Substrats trocken aussieht, kann es etwas tiefer noch nass sein. Durch Anheben des Topfes kann man anhand des Gewichts abschätzen, ob eine Pflanze Wasser benötigt.

Sowohl zu viel als auch zu wenig gießen kann zu Problemen führen. Ist das Substrat über längere Zeit zu nass, kann es sich zersetzen und zum Absterben der Wurzeln führen. Jede Bulbe entwickelt zu Beginn der Wachstumszeit seine eigenen Wurzeln, und die Pflanze muss damit auskommen, bis sich ein neuer Trieb bildet. Ältere Bulben, die ihre Wurzeln verloren haben, werden selten neue bilden und einfach nur verschrumpeln.

In einem modernen Material wie Steinwolle ist die Gefahr der Wurzelfäule weniger groß und die Wurzeln können länger feucht gehalten werden.

Pflanzen, die zu wenig gegossen werden, wachsen häufig nicht mehr weiter. Sie bilden keine neuen Wurzeln und die alten sterben ab. Wenn die Pseudobulben über die Wurzeln nicht mehr ausreichend mit Wasser versorgt werden, schrumpfen sie durch den Verlust ihrer Reserven. Schrumpelige Bulben sind häufig das Ergebnis von zu wenig bzw. von zu viel Wasser, aber ein kurzer Blick auf den Pflanzstoff wird helfen, das Problem zu erkennen. Ist der Pflanzstoff zu trocken, kann sich die Pflanze nach einem Tauchbad erholen. Ist er zu nass, muss man umtopfen, und es wird bis zur Erholung einige Zeit dauern.

Die Gießmenge schwankt von Pflanze zu Pflanze. Bei einer Orchidee mit solidem Wurzelballen kann das Wasser oberflächlich ablaufen, ohne den Ballen zu durchdringen. Eine solche Pflanze leidet häufig an Wassermangel. Oft erkennt man solche Probleme, wenn der Wurzelballen die Pflanze aus dem Topf herausdrückt. Man findet dies häufig bei *Cymbidium*, die oft über Jahre im gleichen Topf bleiben.

Eine frisch getopfte Pflanze besitzt dagegen ein weniger stark ausgeprägtes Wurzelsystem. Hier besteht die Gefahr des Übergießens, wenn man ihr die gleiche Menge Wasser gäbe. Befeuchten Sie daher die Oberfläche mehrfach, bis der Ballen genügend Wasser aufgenommen hat und es bis unten durchläuft. Je kleiner der Topf ist, desto häufiger muss gegossen werden. In einem Gewächshaus benötigen die Pflanzen in der Nähe eines Ventilators mehr Wasser, da sie schneller abtrocknen.

Orchideen gießt man am besten von oben und verwendet dazu eine Gießkanne mit langem Rohr. Damit lässt sich das Wasser über die ganze Oberfläche des Substrats ausbringen. Bei frisch getopften Pflanzen sollten Sie darauf achten, die Rindenstücke nicht wegzuspülen. Es macht der Pflanze nichts, wenn dabei die Bulben nass werden, Sie sollten jedoch niemals in den Trichter eines Neutriebes oder in das Herz zwischen die Blätter gießen. Hier kann verbleibendes Wasser zu Fäulnis führen.

Bei der Pflege im Haus können Sie die Pflanzen in die Küche tragen, dort am Spülbecken gießen und das Wasser ablaufen lassen, um die Pflanzen dann wieder zurückzubringen. Damit verhindert man, dass die Pflanzen in einem Übertopf oder einer flachen Schale im Wasser stehen und die Wurzeln geschädigt werden. Alternativ können Sie die Pflanzen auch auf umgedrehte Untersetzer oder Halbtöpfe stellen, die ihrerseits in einer Schale stehen.

Gießen Sie am besten bei ansteigenden Temperaturen. Im Sommer oder an warmen Tagen kann dies jederzeit sein, im Winter sollten Sie jedoch den Morgen nutzen. Sinken die Temperaturen abends wieder ab, sollte alles überschüssige Wasser von den Pflanzen abgetrocknet sein. Im Sommer benötigen die Pflanzen wegen der Verdunstung sehr viel mehr Wasser als im Winter.

Kontrollieren Sie Ihre Pflanzen möglichst täglich, auch wenn man je nach Zustand des Pflanzstoffs üblicherweise nicht mehr als ein- bis zweimal in der Woche gießen muss. Im Winter ruhen einige Pflanzen, während andere nur ihr Wachstum verlangsamen. Letztere benötigen ein wenig Feuchtigkeit, während Erstere nur dann Wasser brauchen, wenn ihre Bulben schrumpeln.

Epiphytische Orchideen an Rindenstücken sollten täglich ein- bis zweimal übersprüht werden, um die Wurzeln in einem guten Zustand zu erhalten. Zusätzlich sollte man sie zwei- bis dreimal pro Woche in einen Eimer mit Wasser tauchen, damit sie genügend Feuchtigkeit bekommen. Wächst eine Pflanze an der Rinde und besitzt ein gutes Wurzelsystem, ist es fast unmöglich, sie zu viel zu gießen, da kaum Wasser an der Rinde verbleibt.

Aber aufgebundene Pflanzen können leicht zu trocken stehen. Die Pseudobulben beginnen zu schrumpfen und die Luftwurzeln stellen das Wachstum ein. Beim Tauchen sollte man darauf achten, die Wurzel-

UNTEN
Will man die Pflanzen vor Ort gießen, sollte man sie auf einem umgedrehten Untersetzer in einer flachen Schale platzieren, die überschüssiges Wasser aufnehmen kann.

spitzen nicht zu verletzen. Dies gilt besonders für *Vanda* und andere Orchideen mit dicken Luftwurzeln. Es kann sinnvoller sein, eine flache Wanne mit Wasser zu füllen und die Pflanzen mit den Wurzeln dort hineinzulegen, während die Blätter trocken bleiben. Die Luftwurzeln sind oft auch Haftwurzeln, und es ist fast unmöglich, die Pflanze von der Unterlage abzulösen, ohne diese Wurzeln zu beschädigen. Wo Orchideen an einem Ast festgewachsen sind, sollte man sie mit einem Sprühkopf überbrausen, bis sich die Wurzeln vollgesogen haben. Da eine solche Vorgehensweise im Haus nicht einmal ansatzweise möglich ist, lassen sich solche Orchideen nur sinnvoll in einem Gewächshaus oder Wintergarten kultivieren.

Das Gießwasser sollte Raumtemperatur haben und weich sein. Wo dies nicht der Fall ist, lässt sich das Wasser mit in eine Mullbinde gewickeltem Torf enthärten. Auch ein mit Torf gefüllter Nylonstrumpf vermag gute Dienste zu leisten. Sie können den so verpackten Torf dauerhaft im Gießwasservorrat belassen, jedoch wird das Wasser dann mit der Zeit leicht bräunlich werden. Das ist aber für Orchideen völlig unschädlich. Besprühen Sie die Pflanzen nicht mit Leitungswasser, da dies schnell zu Kalkablagerungen auf den Blättern führt.

Düngung

Im natürlichen Lebensraum werden die Orchideen fast täglich vom Regen versorgt. Trockene Winde und die Sonne sorgen dafür, dass die Pflanzen schnell wieder abtrocknen. Bei jedem Schauer wäscht das Wasser die wenigen Nährstoffen von der Rinde, die aus Vogelkot, anderen tierischen Hinterlassenschaften und verrottenden Blättern stammen. Blätter und andere Stoffe sammeln sich um die Wurzeln der Pflanzen und versorgen die Pflanzen zusätzlich mit Nährstoffen.

Dennoch benötigen Orchideen im Vergleich mit anderen Pflanzen nur wenige Nährstoffe.

In Kultur muss man die Pflanzen künstlich ernähren. Rindenpflanzstoffe zersetzen sich im Laufe der Zeit und geben dabei langsam Nährstoffe frei, was für manche Orchideen durchaus ausreichend ist. Bei Verwendung von modernen künstlichen Substraten sind die Pflanzen vollkommen von der Düngung abhängig. Beides hat seine Vorteile, wobei bei künstlichen Substraten die Kontrolle der Nährstoffzufuhr einfacher ist. Bei organischem Pflanzstoff ist nie genau vorhersehbar, wie viele Nährstoffe gerade freigesetzt werden. Es ist immer vorteilhaft, gleichmäßig wenig zu düngen, da eine zu hohe Konzentration an Nährstoffen schnell zur Schädigung der Wurzeln führt.

Ausgewogene Orchideendünger gibt es in flüssiger Form und als Granulat in jeder Orchideengärtnerei. Flüssigdünger sind konzentriert und müssen entsprechend verdünnt werden. Haben Sie nur wenige Pflanzen, kann dies ein Nachteil sein, da Sie zu große Gießwassermengen ansetzen müssen. Fertig gemischte Düngerlösungen sind nur begrenzt haltbar. Auch die konzentrierten Lösungen sollten nicht länger als eine Saison gelagert werden, da sich die chemische Zusammensetzung verändern kann. Dünger in Granulatform hat hier den Vorteil, dass er in kleineren Mengen verwendet werden kann, was vor allem für eine kleine Sammlung auf der Fensterbank günstig ist.

Orchideendünger kann nitrat- oder phosphatbasiert sein. Nitrate werden verwendet, um die Pflanze schneller wachsen zu lassen, während Phosphate zur Blüteninduktion eingesetzt werden. Man sollte Nitrate also zu Beginn und während der Wachstumsperiode geben, bis der Neutrieb ausgereift ist. Phosphate helfen bei der Blütenbildung, wenn die Pflanze das Wachstum beendet hat.

Es hat aber keinen Sinn, den Wachstumsrhythmus der Pflanze über den Dünger beeinflussen zu wollen. Keine Pflanze wird deshalb vorzeitig blühen.

Orchideen benötigen nur Dünger, wenn sie wachsen oder blühen. Der Beginn der Wachstumsperiode kann stark variieren. Fangen Sie mit dem Düngen an, sobald sich der Neutrieb zeigt und neue Wurzeln bildet. Düngen Sie den ganzen Sommer hindurch und reduzieren Sie die Gaben im Herbst, wenn sich das Wachstum verlangsamt. Ist die Wachstumsperiode als Antwort auf den Wechsel der Jahreszeiten vorüber, sollten Sie die Nährstoffversorgung einstellen. Dies gilt vor allem für laubabwerfende Arten wie *Lycaste* oder *Calanthe*, aber auch z.B. für *Cymbidium* oder *Odontoglossum*.

Am besten verabreicht man den Dünger zusammen mit dem normalen Gießwasser. In einigen Ausnahmefällen kann eine Düngung über die Blätter oder die Luftwurzeln sinnvoll sein. Düngen Sie nur gesunde Orchideen. Kranke Pflanzen nehmen über die Wurzeln ohnehin kaum Nährstoffe auf und man beschleunigt nur die Zersetzung des Pflanzstoffs und damit der restlichen Wurzeln. Düngen Sie nur, wenn der Pflanzstoff ausreichend feucht ist. Düngt man trockene Pflanzen, verteilen sich die Nährstoffe ungleichmäßig und die Wurzeln verbrennen.

Orchideen, die ansonsten gesund aussehen, deren Blätter aber blass und gelblich sind, leiden möglicherweise an Nährstoffmangel und können von einer Blattdüngung mit speziellen Aminosäuredüngern profitieren. Besprühen Sie sie dann mit einer verdünnten Düngerlösung, um wieder eine gesunde Blattfarbe zu erzielen. Auf diese Weise lässt sich auch einer Pflanze helfen, die ihre Wurzeln verloren hat, aber noch viel Blattmasse besitzt.

Man muss nicht bei jedem Gießen gleichzeitig auch düngen. Um eine Anreicherung von Nährstoffen zu vermeiden, sollten Sie nur jedes zweite bis dritte Mal düngen. Es kann sonst leicht zu einer Anreicherung von Nährstoffen kommen. Eine zu hohe Konzentration von Salzen schädigt die Wurzeln. Wenn die Salzkonzentration im Pflanzstoff höher ist als im Zellsaft der Wurzeln, wird aus den empfindlichen Wurzelspitzen das Wasser entzogen. Sie sterben dann schnell ab. Daher ist es wichtig, regelmäßig mit düngerlosem Wasser zu gießen oder zu tauchen. So werden überschüssige Salze regelmäßig ausgespült. Orchideen in der Ruhezeit sollten generell nicht gedüngt werden. Dies gilt auch für kleine Teilstücke und frisch getopfte Pflanzen. Diese müssen erst neue Wurzeln bilden, um die Nährstoffe aufnehmen zu können.

RECHTS
Zum Düngen wiegt man am besten eine bestimmte Menge Düngergranulat ab und löst diese in einem Messbecher in einer entsprechenden Wassermenge auf.

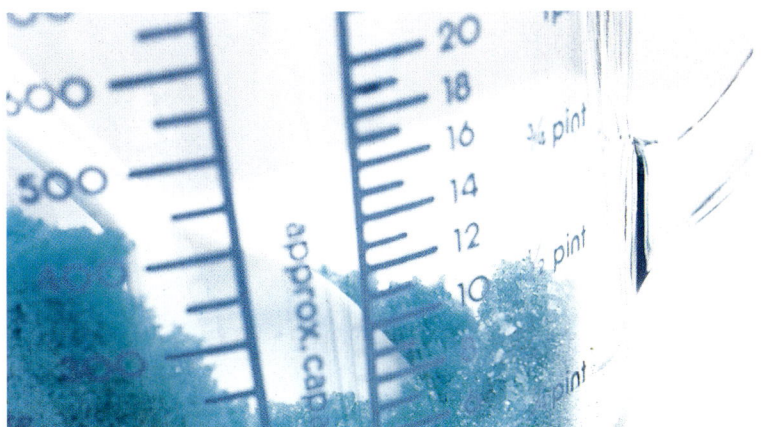

Besprühen

Das Besprühen der Orchideen ersetzt nicht das Gießen, sondern ist eine Ergänzung. Es sollte zur täglichen Routine werden. Zuhause kann man die Pflanzen mit einer Handspritze besprühen und die Blätter so weit benetzen, dass kleine Tröpfchen auf ihnen zurückbleiben, aber keine dicken Wassertropfen ins Herz der Pflanze laufen und dort Probleme verursachen. Benebeln Sie alle Teile der Pflanze leicht, auch die Unterseite der Blätter. Während des Sommers kühlen Sie so die Blätter und halten sie staubfrei. Im Gewächshaus ist regelmäßiges Sprühen noch wichtiger, damit die Pflanzen auch bei Hitze noch atmen können. Sprühen Sie im Sommer vor allem morgens und besonders bei heißem Wetter. Im Winter sollten Sie das Sprühen auf die warmen Tage beschränken. Immergrüne Orchideen wie *Cymbidium*, *Odontoglossum* und *Cattleya* können Sie das ganze Jahr über besprühen, während laubabwerfende Pflanzen wie *Lycaste*, *Calanthe* und *Pleione* kaum besprüht werden sollten, da ihr weiches Laub sonst Flecken bekommen kann. Ein leichtes Benebeln ist hier völlig ausreichend.

Im Gewächshaus lässt sich durch Sprühen die Luftfeuchtigkeit erhöhen, indem man den Boden unter den Stellagen gründlich nass macht. Die beste Zeiten hierfür sind der Vormittag oder der späte Nachmittag, weil die Pflanzen dann am aktivsten sind. In der Mittagszeit ruhen die meisten Pflanzen. Bei täglichem Sprühen erreicht man so gleichmäßige Bedingungen. Verwenden Sie hier wegen der größeren Wassermengen Schlauch und Sprühlanze.

LINKS
Durch regelmäßiges Besprühen mit einem Handsprühgerät kann man die Orchideen frisch und staubfrei halten.

Luftfeuchtigkeit

Dies ist ein anderes Wort für „gute Orchideenkultur". Es sollte nicht mit dem Sprühen oder Gießen verwechselt werden. Es dient dazu, die Atmosphäre zu schaffen, in der Orchideen gedeihen können. Die Luftfeuchtigkeit sollte immer im Gleichgewicht mit den Temperatur- und Lichtbedingungen stehen. Im Gewächshaus können Sie regelmäßig sprühen, wobei Sie vor allem die Umgebung der Pflanzen nass machen sollten, im Sommer mehr als im Winter, wenn die Temperaturen niedriger sind und weniger Licht vorhanden ist. Im Sommer sprüht man morgens, wenn die Temperaturen noch nicht so hoch sind und eventuell mittags noch einmal. Sinken die Temperaturen nachmittags, steigt automatisch die Luftfeuchtigkeit an. Dann sollte das Wasser auf den Blättern verdunstet sein. An Regentagen ist die Luftfeuchtigkeit auch ohne Sprühen hoch genug.

Im Haus ist die Luftfeuchtigkeit meist niedriger, dafür sind aber auch die Temperaturschwankungen nicht so groß. Die gleichmäßigere Wärme bringt eine andere Atmosphäre mit sich. Solange die Pflanzen im Wurzelbereich feucht genug sind, werden sie nicht an zu niedriger Luftfeuchtigkeit leiden. Einige Orchideen wie *Phalaenopsis* sind in der häuslichen Umgebung gegenüber Pilzerkrankungen weniger anfällig. Wo die Orchideen auf Schalen stehen, die überschüssiges Gießwasser auffangen, gibt es immer genügend Luftfeuchtigkeit, um ein passendes Mikroklima zu erzeugen. Im Winter kann die Luftfeuchtigkeit wegen der Heizung eher zu einem Problem werden. Dann lässt sie sich durch regelmäßiges Sprühen erhöhen. Im Wintergarten ist es am schwersten, die Luftfeuchtigkeit ausreichend hoch zu halten. Hier kann nur eine Kombination aus mit Kieselsteinen gefüllten Schalen und regelmäßigem Sprühen helfen.

OBEN
Eine mit Kieselsteinen gefüllte Schale leistet gute Dienste dabei, die Luftfeuchtigkeit zu erhöhen.

Licht und Schattierung

Orchideen lieben es hell, aber nicht sonnig. In ihrer Entwicklungsgeschichte haben sie sich in den Baumkronen an leichten Schatten angepasst.

Im Haus und im Gewächshaus sollte man versuchen, die Blätter in einem gesunden, satten Grün zu halten, indem man die Pflanzen nicht mit zu viel Licht stresst. Im Gewächshaus kommt das Licht häufig von allen Seiten und sollte durch eine entsprechende Schattierung reduziert werden. Als grobe Faustregel sollte man durch die Schattierung die Sonne ohne Augenschmerzen ansehen können. Die Schattierung sollte das Licht nicht so weit reduzieren, dass es düster wird. Wie die Schattierung angebracht wird und wie stark sie sein muss, hängt von den Gegebenheiten ab. Stehen mehrere Bäume um das Gewächshaus, ist genügend natürlicher Schatten vorhanden und

OBEN
Schützen Sie die Orchideen durch Schattierung vor direkter Sonneneinstrahlung. Im Gewächshaus kann hierzu ein Schattiergewebe verwendet werden.

ein leichtes Schattiergewebe reicht dann völlig aus, um die Temperaturen im Sommer niedrig zu halten.

Im Haus kommt das Licht meist nur von einer Seite und die Pflanzen sind weit weniger gefährdet, solange sie nicht an einem Südfenster direkt in der Sonne stehen. Hier kann als Schattierung eine Gardine oder eine Jalousie ausreichen. Die meisten Orchideen lieben morgens oder abends etwas Sonne, wenn die Sonnenstrahlen in einem Winkel auf die Blätter fallen, bei dem sie nicht verbrennen. Nur die Mittagssonne ist zu stark.

Einige Orchideen wie *Cymbidium*, *Dendrobium* und *Coelogyne* können mehr Sonne vertragen als andere. *Phalaenopsis* und *Paphiopedilum* benötigen den meisten Schatten, und man sollte sie etwas vom Fenster entfernt im Schatten der anderen Pflanzen aufstellen. Von *Cattleya* wird oft behauptet, dass sie die Helligkeit liebt, aber ihre fleischigen Blätter besitzen eine dicke Wachsschicht, die sie vor Verdunstung schützen soll. Gleichzeitig verhindert diese Wachsschicht aber auch, dass sie sich durch Verdunstung abkühlen können. Wenn die Lichtintensität zu groß wird, heizen sich die Blätter schnell auf, das Zellgewebe wird zerstört. Die Blätter leiden sehr darunter und verbrennen besonders schnell. Im Winter sollte man den Orchideen im Gewächshaus wie im Haus so viel Licht wie möglich geben. Die gefährlichste Zeit des Jahres ist das zeitige Frühjahr, wenn die Sonne schnell an Kraft gewinnt, die Pflanzen aber noch nicht daran gewöhnt sind. Orchideen im Haus können Sie im Verlauf des Jahres an unterschiedliche Fenster stellen, um ihnen die passende Lichtmenge zu geben. Während ein Südfenster im Winter ideal sein kann, ist es im Sommer sicherlich zu hell. Dann stellen Sie die Pflanzen besser an ein Ost- oder Westfenster oder belassen sie dort und sorgen für ausreichend Schatten. Auch hier können wieder Bäume und Hecken für eine natürliche Schattierung sorgen. Im Sommer sollte man ein Thermometer nahe an der Scheibe platzieren, da hier die Temperatur leicht ein paar Grade höher sein kann als nur wenige Zentimeter weiter entfernt.

Orchideen zeigen Stress durch zu viel Licht meist mit gelblichen oder rötlichen Blättern an. Ein Sonnenbrand äußert sich meist durch schwarze Flecken an den Stellen, wo zu viel Licht auf die Blätter getroffen ist. Häufig kommt es an diesen Stellen zusätzlich zu Sekundärinfektionen, z.B. mit Bakterien. Ist die Lichtmenge dauerhaft zu gering, werden die Blätter dagegen tiefgrün und verlieren jeden Glanz. Sie werden schlaff und die Bulben haben keine Kraft zum Blühen.

Temperatur

Orchideen werden entsprechend ihrer Temperaturtoleranz in drei Kulturbereiche aufgeteilt, je nachdem, wo ihr Ursprungsland liegt. Dabei spielt die Höhenlage eine entscheidendere Rolle als die geografische Herkunft. Ebenso wichtig ist die Frage, ob sie als Epiphyt oben in den Bäumen oder terrestrisch im Laubhumus wachsen. Es ist ganz natürlich und für die meisten Orchideen sogar notwendig, dass die Temperatur gewissen Schwankungen unterworfen ist. Die den meisten Orchideen zuträgliche Temperatur beträgt nachts mindestens 10 °C und maximal 30 °C tagsüber. In diesem Bereich können alle Orchideen ohne Schaden überleben, und nur wenige Ausnahmen wie *Pleione* benötigen im Winter niedrigere, aber immer noch frostfreie Temperaturen.

Obwohl ein gelegentlicher heißerer Tag den Pflanzen meist nicht schadet, sollte man sie nicht über längere Zeit höheren Temperaturen aussetzen, da sie dann ihr Wachstum stark verlangsamen oder gar ganz einstellen. Am Ende der Wachstumszeit werden hier die Pseudobulben viel kleiner sein und vorzeitig die Blätter abwerfen. Orchideen, die im Winter zu kalt stehen, reagieren im Frühjahr mit verzögertem Wachstum und können ebenfalls die Blätter verlieren. Hält man kühl wachsende Orchideen im Winter zu warm, werden sie im Sommer nicht blühen, obwohl ihr Wachstum normal erscheint.

Die meisten kultivierten Orchideen gehören dem kühlen Bereich an. Dazu zählen *Cymbidium*, *Coelogyne* und viele andere. Sie benötigen Temperaturen zwischen 10 °C und maximal 24 °C im Sommer (siehe Seite 58–123). Temperiert zu kultivierende Pflanzen (Seite 124–169) benötigen im Winter mindestens 13 °C und im Sommer maximal 30 °C. Die Orchideen des warmen Bereichs (Seite 170–197) sollten nachts bei mindestens 18 °C und tagsüber bei maximal 32 °C gehalten werden. Wo im Haus alle drei Bereiche abgedeckt werden können, ist für Orchideen der entscheidende Faktor die Nachttemperatur im Winter. Im Sommer wird es zwischen den Temperaturen tags und nachts nur wenig Unterschiede geben.

Um im Winter für ausreichende Temperaturen zu sorgen, muss man zusätzlich heizen. Für das Gewächshaus gibt es spezielle Heizsysteme, wobei die elektrische Heizung bei Orchideen die einfachste und sicherste Lösung ist. Ein Wintergarten kann mit einem zusätzlichen Heizkörper ausgerüstet werden, der aus der Zentralheizung gespeist wird. Halten Sie kühl zu kultivierende Orchideen nicht zu warm, sonst werden sie nicht blühen oder nur Kindel entwickeln. Halten Sie wärmeliebende Orchideen nicht zu kühl, sonst wachsen sie nicht richtig und können dann ebenfalls nicht zur Blüte kommen.

LINKS
Ein Minimum-Maximum-Thermometer gehört zum wichtigsten Zubehör bei der Orchideenpflege. Es zeigt den Temperaturverlauf an.

Umtopfen und Teilen

Ausgewachsene Orchideen werden alle zwei Jahre im Frühjahr zu Beginn der Wachstumsperiode umgetopft. Dazu gehört es, die Pflanze aus dem Topf zu nehmen und allen alten Pflanzstoff zu entfernen. Die Wurzeln werden bei Bedarf zurückgeschnitten. Dann wird die Pflanze in einen größeren Topf gesetzt und frischer Pflanzstoff eingefüllt. Sämlinge und Teilstücke sollten alle sechs Monate umgesetzt werden, ohne dass man allen Pflanzstoff austauscht. Dazu nimmt man die Pflanze aus dem Topf, setzt sie in einen größeren und füllt mit Substrat auf, ohne den Wurzelballen zu stören. Beim Umtopfen einer zu groß gewordenen Pflanze kann man überlegen, ob sie nicht besser geteilt wird, statt in einen größeren Topf zu kommen.

Ein Umtopfen ist notwendig, wenn der Pflanzstoff durch Zersetzung undurchlässig geworden ist. Können Sie einen Finger problemlos in den Pflanzstoff stecken, ist er größtenteils abgebaut und kann keine Nährstoffe mehr bereitstellen. Bleibt eine Pflanze zu lange in solch einem Substrat, werden die Wurzeln absterben, da das Wasser nicht mehr abfließen kann. Topfen Sie auch um, wenn die Pflanze keinen Raum mehr für einen Neutrieb hat und der Topf zu klein geworden ist oder wenn der Wurzelballen so dicht geworden ist, dass die Pflanze aus dem Topf gehoben wird. Wurde eine Pflanze längere Zeit zu viel gegossen, sollten Sie sie ebenfalls umtopfen. Topfen Sie keine blühenden Orchideen um oder solche, bei denen der Neutrieb im Wachstum ist.

Ziel sollte es sein, die Pflanzen in einem harmonischen Gleichgewicht zu halten. Bei sympodialen Orchideen sollten mehrere Pseudobulben in vollem Laub stehen. Im Laufe der Zeit wird das eine oder andere Blatt abgeworfen. Hat eine Bulbe alle Blätter verloren, wird sie zur Rückbulbe und versorgt den Rest der Pflanze weiter mit ihren Reserven. Sie kann zur vegetativen Vermehrung genutzt werden, indem man ein vegetatives Auge zum Wachstum anregt (siehe Seite 216). Eine Orchidee sollte immer mehr Bulben mit Laub als ohne haben. Besteht eine Pflanze zum größten Teil aus Rückbulben, sollten diese entfernt werden, da sie die Bildung von Neutrieben behindern können. Die neuen Triebe werden sonst immer kleiner als die vorhergehenden.

Laubabwerfende Orchideen wie *Lycaste* und *Anguloa* unterscheiden sich hierin, da sie regelmäßig alle Blätter auf einmal verlieren. Während einige von ihnen ihr Laub zu Beginn der Ruheperiode abwerfen, behalten andere es bis zur Wachstumszeit im Frühjahr. Diese Orchideen können problemlos vier bis sechs Rückbulben behalten. Die Rückbulben können an der Pflanze bleiben, solange sie die Größe des Neutriebs nicht beeinflussen.

Orchideen, die mehr als einen Neutrieb bilden, wachsen in verschiedene Richtungen weiter. Man kann diese Pflanzen teilen (siehe Seite 214–215), wenn jedes Teilstück aus mehr als vier Bulben besteht. Teilen Sie eine Pflanze niemals in kleinere Stücke als vier Bulben, da sie sonst im nächsten Jahr nicht blühen wird. Sie können die Pflanzen natürlich auch intakt lassen, um große Solitäre zu erhalten, wenn das Verhältnis zwischen den Bulbentypen ausgewogen ist.

Die Bulben sind durch ein kräftiges Rhizom verbunden, das meist unter der Oberfläche des Substrats bleibt, außer bei *Cattleya* und ähnlichen Gattungen. Monopodiale Orchideen wachsen nicht in die Breite, müssen aber umgetopft werden, wenn sich der Pflanzstoff zersetzt hat oder wenn sie mehr als zwei Jahre im selben Topf gestanden haben. Hochwachsende *Vanda*-Arten können leicht kopflastig werden und benötigen einen

UNTEN
Dieses *Cymbidium* wird von den eigenen Wurzeln aus dem Topf gehoben und muss dringend umgetopft werden.

größeren Topf, wenn ihre Wurzeln den alten ausgefüllt haben. Kurzstämmige Pflanzen wie *Phalaenopsis* werden häufig nur umgesetzt, ohne ihre Wurzeln zu stören. Normalerweise verwendet man beim Umtopfen hier dieselbe Topfgröße.

Umtopfen von *Phalaenopsis*

Orchideen mit ausgedehnten Luftwurzeln werden normalerweise umgetopft, ohne die Luftwurzeln in den Topf zu zwingen. Sie würden im Pflanzstoff ohnehin zugrunde
gehen, da sie sich ja an der Luft entwickelt haben. Beim Umtopfen sollte man darauf achten, diese Wurzeln nicht zu verletzen und sie außen über den Topf hängen zu lassen. Lassen Sie den Pflanzen nach dem Umtopfen ein paar Tage Zeit, bevor Sie mit dem normalen Gießen beginnen, damit beschädigte Wurzeln heilen können.

Umtopfen von kletternden Orchideen

Viele epiphytische Orchideen entwickeln einen kletternden Wuchs, wobei die neue Pseudobulbe etwas höher steht als die alte. Das kann beim Umtopfen zu Schwierigkeiten führen. Häufig bilden diese Pflanzen auch ausgeprägte Luftwurzeln. Hier muss man häufig die älteren Bulben teilweise im Pflanzstoff begraben, damit der Neutrieb auf Höhe des Topfrandes ist. Alternativ können Sie ein bemoostes Holzstück mit eintopfen, an dem die Pflanze emporwächst. Wird die Orchidee kopflastig, lässt sie sich mit ein paar Steinen beschweren.

OBEN
Luftwurzeln wie bei dieser *Phalaenopsis* werden nicht mit eingetopft.

RECHTS
Das aufwärts wachsende *Oncidium* wird an diesem Kokosstab festwachsen.

Cymbidium umtopfen

Vor dem Umtopfen sollte man etwas Zeitungspapier auslegen, um den alten Pflanzstoff leichter entsorgen zu können und genügend befeuchteten Pflanzstoff bereitstellen. Außerdem benötigen Sie einen größeren Topf und ausreichend Dränagematerial. Dies können Styroporchips aus Verpackungsmaterial oder Bruchstücke von Styroporplatten sein. Halten Sie eine Schere oder ein scharfes Messer bereit sowie zum Sterilisieren ein Feuerzeug und etwas Alkohol zum Abflammen. Tragen Sie bei Verwendung von Steinwolle Einweghandschuhe und legen Sie Etiketten und wasserfeste Stifte bereit, wenn Sie die Pflanze teilen möchten.

1. Nehmen Sie die Orchidee aus dem Topf, indem Sie die Pflanze umdrehen und mit der Topfkante auf die Arbeitsfläche klopfen. Ist der Wurzelballen nicht festgewachsen, sollte sich die Pflanze einfach aus dem Topf lösen.

> **TIPP**
> Löst sich die Pflanze nicht vom Topfrand, kann man mit einem Messer am Rand entlangfahren.

2. Legen Sie die Pflanze auf das Zeitungspapier und untersuchen Sie die Wurzeln. Sie sollten fest und weiß sein und grüne Spitzen besitzen. Entfernen Sie alle dunkel verfärbten und matschigen Wurzeln. Die toten Wurzeln können weich sein oder trocken. Die äußere Hülle lässt sich oft leicht abziehen und gibt den zentralen Faden der Wurzel frei. Nachdem Sie die Wurzeln ausgebreitet haben, entfernen Sie alles tote Material. Sieht der Rest gesund aus und soll die Pflanze nicht geteilt werden, setzt man sie in einen 5 cm größeren Topf.

> **TIPP**
> Sind viele Wurzeln abgestorben, fällt das alte Substrat einfach heraus.

3. Füllen Sie etwas grobe Rinde in den Topf, gegebenenfalls auch etwas Pflanzstoff. Setzen Sie darauf die Orchidee mit den ältesten Bulben nahe am Topfrand, damit möglichst viel Platz für den Neutrieb bleibt. In diese Richtung wird die Pflanze wachsen.

> **TIPP**
> Der neue Topf sollte Raum für das Wachstum von zwei Jahren bieten.

4. Halten Sie die Pflanze fest, damit der Neutrieb auf der Höhe des Topfrands bleibt, und füllen Sie Pflanzstoff um die Pflanze herum. Drücken Sie diesen mit den Fingern fest hinein, bis die Pflanze einen guten Stand hat. Die Bulben sollten alle auf der Oberfläche des Pflanzstoffs sitzen, etwa 2,5 cm unterhalb des Topfrands, damit beim Gießen der Pflanzstoff nicht herausgespült wird. Steht die Pflanze zu hoch, sitzt sie nicht fest genug, steht sie zu tief, wird sich der Neutrieb nicht entwickeln.

> **TIPP**
> Rindenpflanzstoff gut festdrücken, Steinwolle aber nicht zu stark verdichten.

UMTOPFEN UND TEILEN 213

Coelogyne teilen

1. Soll eine Pflanze geteilt werden, muss zunächst aller alte Pflanzstoff entfernt werden. Dann kann man entscheiden, wo die Pflanze geteilt werden soll. Große Pflanzen können in mehrere Stücke geteilt werden, wobei keines der Stücke weniger als vier Bulben enthalten sollte. Trennen Sie das Rhizom zwischen den Bulben mit einem scharfen Messer durch. Anschließend schneiden Sie durch den Wurzelballen.

2. Entfernen Sie den gesamten alte Pflanzstoff. Anschließend entwirren Sie die Wurzeln und schneiden totes Material heraus. Kürzen Sie die alten Wurzeln auf etwa 15 cm ein, um Raum für die neuen Wurzeln zu schaffen.

3. Die Hauptpflanze kann wieder in den alten Topf gesetzt werden, wenn zwischen Neutrieb und Topfrand 5 cm Platz bleiben. Halten Sie die Pflanze fest, während Sie frischen Pflanzstoff einfüllen. Da der Wurzelballen verkleinert wurde, ist mehr Pflanzstoff nötig als vorher. Steht die Pflanze zu locker im Topf, bilden sich keine neuen Wurzeln.

4. Topfen Sie jedes Teilstück in einen passenden Topf ein.

Blattlose Rückbulben können entfernt werden. Ihre Wurzeln sind auf natürliche Weise abgestorben, als sie die Blätter abgeworfen haben. Sollen sie für die Vermehrung verwendet werden (siehe Seite 216), trennt man sie auseinander, kürzt alle Wurzeln ein und setzt sie in geeignete Töpfe. Dazu sollte man nur pralle, gesunde Bulben verwenden, die anderen haben dafür nicht mehr genügend Kraft.

TIPP
Beim Teilen des Wurzelballens nicht die Bulben beschädigen.

TIPP
Durch Zurückschneiden fördert man das Wachstum neuer Wurzeln.

TIPP
Schneidet man das Rhizom einer *Cattleya* schon im Herbst an, bilden beide Teilstücke im Frühjahr Neutriebe.

TIPP
Die Kindel können Sie eintopfen, wenn sie ein eigenes Wurzelsystem gebildet haben.

Umtopfen und Teilen von *Cattleya*

Vor dem Teilen kann man bereits im Herbst das Rhizom anschneiden. So bilden beide Teilstücke im Frühjahr Neutriebe aus, wenn man sie einzeln topft.

Umtopfen und Teilen von Frauenschuhorchideen

Das Umtopfen geschieht wie bei *Cymbidium* (siehe Seite 212). Beim Teilen sollte jedes Stück vier Triebe und einen Neutrieb aufweisen. Alte Rückstücke können für die Vermehrung genutzt und mit einem scharfen Messer abgetrennt werden.

Umtopfen und Teilen von *Vanda*

Orchideen wie *Vanda* bilden dicke Luftwurzeln und werden am besten in Lattenkörben untergebracht. Hochgewachsene *Vanda* lassen sich am Stamm durchtrennen, wenn das obere Stück genügend Luftwurzeln und das untere Stück genügend Blätter aufweist. Kindel sollte man so lange an der Mutterpflanze lassen, bis sie selbst genügend Wurzeln und mindestens sechs Blätter besitzen.

Vegetative Vermehrung

Die Vermehrung von Orchideen ist immer ein langwieriger Prozess, bei dem es mehrere Jahre bis zur ersten Blüte dauern kann. Daher sollte man die Pflanzen zur Vermehrung sehr genau auswählen. In jedem Fall ist es aber eine interessante Herausforderung, wertvolle Pflanzen zu vermehren.

Sympodiale Orchideen lassen sich durch blattlose Rückbulben vermehren, die man von der Mutterpflanze abnimmt (siehe Seite 214). Diese dürfen nicht zu alt sein und müssen gesund und kräftig aussehen und nicht welk und schrumpelig. Sie sollten mehrere Vegetationspunkte an der Basis aufweisen. Am einfachsten lassen sich so *Cymbidium* vermehren. Sie können schon nach drei bis vier Jahren wieder blühen. Viele Orchideen können durch Rückstücke vermehrt werden, einige einfacher als andere. So lassen sich z.B. *Odontoglossum* gut durch frische Rückbulben vermehren.

Monopodiale Orchideen sind schwieriger zu vermehren. *Vanda* und *Phalaenopsis* können zur Bildung von Kindeln angeregt werden. *Vanda* bildet Kindel aus dem Stamm, vor allem bei einer Beschädigung der Spitze, während sich bei *Phalaenopsis* häufig am Blütenstand aus den Augen kleine Pflanzen entwickeln. Die Hybriden von *Phal. lueddemanniana* z.B. bilden häufig mehrere Kindel aus einem Blütenstand. Diese Methoden sind aber weniger verlässlich als die bei sympodialen Orchideen, aber es kann Freude machen, so seine Sammlung zu erweitern.

An der Basis dieser Rückbulbe eines *Cymbidium* (oben) zeigt sich ein grünliches Auge, das in sechs Wochen austreiben kann (unten).

Vermehrung durch eine Rückbulbe

1. Das schlafende Auge einer *Cymbidium*-Bulbe wird von einem dreieckigen Hüllblatt geschützt. (Bei *Cattleya* sind diese Vegetationspunkte grün und stehen vor.) Entfernt man dieses Hüllblatt, kommt darunter ein grünes Gewebe zum Vorschein. Ist dieses Gewebe braun, dann ist dieses Auge abgestorben und wird nicht neu austreiben.

2. Einmal eingetopft, wird die Rückbulbe am besten warm und feucht gehalten. Eine Heizmatte unter einer mit Wasser und Kieselsteinen gefüllten Schale sorgt für die notwendigen Bedingungen. Nach sechs Wochen sollte sich ein neuer Trieb zeigen. Setzen Sie die Pflanze alle sechs Monate um, bis sie ausgewachsen und herangereift ist.

Dendrobium vermehren

Die weichbulbigen *Dendrobium*-Typen können im Frühjahr durch alte, blattlose Bulben vermehrt werden. Schneiden Sie diese zwischen den Knoten, wo die Blätter abgeworfen wurden, in Stücke. Die Schnittstellen werden mit Schwefel bepudert und so eingetopft, dass ein Knoten halb im Pflanzstoff verborgen ist. Alternativ können Sie eine Bulbe auch in eine Aussaatschale mit Sphagnum legen. Nach wenigen Monaten erhält man so aus jedem Knoten ein bis zwei Jungpflanzen. Hartbulbige Pflanzen des *Dendrobium-phalaenopsis*-Typs besitzen nur am oberen Ende schlafende Augen.

Cattleya vermehren

Schneiden Sie das Rhizom schon im Herbst an, während die Pflanze noch getopft ist (siehe Seite 215). Im Frühjahr wird das Rückstück einen Neutrieb bilden und kann getrennt eingetopft werden.

Vanda vermehren

Sie können die Bildung eines Kindels anregen, indem Sie den Stamm an einer Stelle mit Moosgummi umwickeln und feucht halten. Zeigt sich das Kindel, entfernen Sie das Moosgummi und besprühen Sie die Stelle regelmäßig. Hat die Jungpflanze genügend Wurzeln gebildet, können Sie sie abtrennen und eintopfen.

Phalaenopsis vermehren

Durch Pflanzenhormone (Keiki-Paste aus dem Fachhandel) können Sie an einem Blütenstand die Bildung von Kindeln auslösen, die sich getrennt eintopfen lassen, sobald ihre Wurzeln gut entwickelt sind.

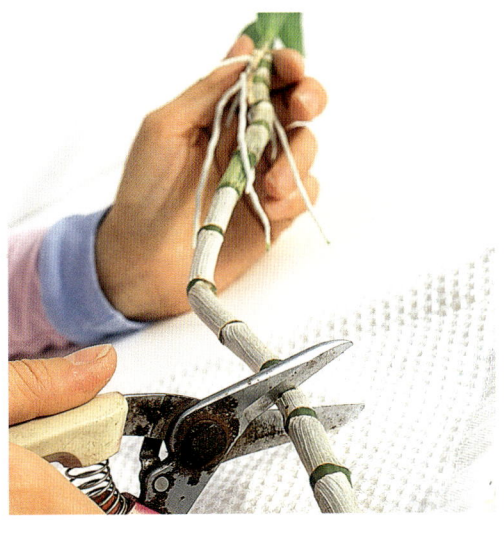

TIPP Teilen Sie die Bulbe mit einem scharfen Messer oder einer Schere in Stücke.

TIPP Bestäuben Sie die Schnittstellen mit Schwefel.

TIPP Topfen Sie den Abschnitt so ein, dass der Knoten auf Höhe des Pflanzstoffs liegt.

Ruhezeit

In der trockeneren Jahreszeit gehört es zum natürlichen Rhythmus der Orchideen, dass sie ihr Wachstum verlangsamen und einstellen. Nach der Ausbildung des Neutriebs in der sommerlichen Regenzeit haben die Pseudobulben genügend Wasser- und Nährstoffreserven eingelagert, um die Pflanze während der kommenden Trockenzeit zu erhalten. Auch in Kultur folgen die Orchideen diesem Muster von Wachstum und Ruhe. Es ist daher wichtig, ihnen die Möglichkeit dazu zu bieten. Während der Ruhezeit brauchen sie wenig oder gar kein Wasser, nur gerade so viel, dass die Bulben nicht schrumpfen. Im Winter sollten sie außerdem so viel Licht wie möglich bekommen, damit die Bulben ausreifen.

Diese Ruheperiode kann je nach Gattung zwischen wenigen Wochen und mehreren Monaten dauern. Immergrüne Orchideen haben meist eine kurze Ruhezeit. Sie behalten ihre Blätter, und ihr Aussehen verändert sich kaum. Manche blühen in dieser Zeit. Zu dieser Gruppe gehören *Cymbidium* und *Odontoglossum*, deren Pflege sich im Winter nur wenig ändert.

Orchideen mit einer blattlosen Ruhezeit erkennt man leicht daran, dass sich die Blätter im Herbst verfärben und abgeworfen werden. Diese Pflanzen sollten über den Winter hinweg austrocknen dürfen und erst mit dem Neutrieb im Frühjahr wieder gegossen werden. Zu dieser Gruppe gehören *Lycaste* und *Anguloa*, die in ihrer aktiven Zeit im Sommer blühen.

Viele andere Orchideen wie *Coelogyne*, *Prosthechea* und *Cattleya* haben ebenfalls ausgeprägte Ruheperioden, verlieren dabei aber ihre Blätter nicht. In der Gattung *Dendrobium* gibt es je nach Typ laubabwerfende Arten, solche, die ihre Blätter nur teilweise verlieren, oder solche, die sie dauerhaft behalten. Die meisten legen eine längere Ruheperiode im Winter ein. *Stanhopea* bildet eine Ausnahme, da sie meist im Sommer ruht und im Herbst und Winter neu austreibt.

Die sehr kühl zu kultivierenden *Pleione* und die wärmer gedeihenden *Calanthe* gehören zu den Pflanzen mit der radikalsten Ruhezeit. Ihre Blätter werden im Herbst abgeworfen und die Bulben bleiben für mehrere Monate völlig inaktiv, bis im Frühjahr das Leben in sie zurückkehrt. Damit sie völlig austrocknen können, nimmt man sie am besten aus dem Topf, legt sie auf ein Tablett und bringt sie an einen hellen, kühlen Ort. Werden die Tage wieder länger, kann man nachschauen, ob sich schon ein Neutrieb zeigt. Erst dann werden sie erneut eingetopft.

Paphiopedilum und verwandte Gattungen besitzen keine Bulben und damit auch keine Reserven. Sie müssen fast das ganze Jahr über gleichmäßig versorgt werden. Im

> **TIPP**
> Die laubabwerfenden Pseudobulben von *Pleione* ruhen im Winter. Erst erneut eintopfen, wenn das Auge neu austreibt.

Winter benötigen sie etwas weniger Wasser, da sie als Antwort auf die geringeren Lichtmengen langsamer wachsen. Die monopodiale *Phalaenopsis* ruht nicht lange genug, als dass dies das Gießen beeinflussen würde. Ihr Zyklus besteht aus dem Wachstum eines neuen Blatts und der Bildung eines Blütenstands. Eine kurze Rast macht die Pflanze nur während des Ausreifens der Blätter bis zur Bildung eines neuen Blütenstands, aber man sollte die Pflanze dennoch gleichmäßig feucht halten.

Vanda und verwandte Pflanzen ruhen von Zeit zu Zeit, meist im Sommer. Man erkennt dies daran, dass die grünen Wurzelspitzen kürzer und von grauem Velamen überzogen werden. Da sie keine Wasserspeicher haben, sollten sie dennoch regelmäßig feucht gehalten werden, um die Blätter vor dem Austrocknen zu bewahren. Verlängern sich die grünen Wurzelspitzen wieder, beginnt die Pflanze erneut zu wachsen.

Wegen der geringeren Luftfeuchtigkeit benötigen Orchideen im Haus im Winter hin und wieder eine Extragabe Wasser, während die Pflanzen im Gewächshaus von der höheren Luftfeuchtigkeit profitieren können. Auch ein leichtes Übersprühen kann hilfreich sein, aber vermeiden Sie dabei, Knospen und Blüten zu besprühen. Erst mit dem Neutrieb sollte man das normale Gießen wieder aufnehmen.

Ein Blatt mit einer bakteriellen Infektion

Schadbild des *Cymbidium*-Mosaikvirus

Schädlinge und Krankheiten

Orchideen, die in einer sauberen Umgebung im Haus wachsen, zeigen selten Anzeichen von Schädlingen oder Krankheiten. Es gibt aber ein paar Schädlinge, die scheinbar aus dem Nichts erscheinen und schwer zu bekämpfen sind, wenn sie einmal Fuß gefasst haben. In den meisten Fällen braucht man nicht auf giftige Chemikalien zurückzugreifen, um sie loszuwerden.

Die größte Plage sind Blattläuse. Diese saugenden Insekten gelangen oft durch offene Fenster und sitzen gern auf Knospen und Neutrieben und führen dort zu Fehlbildungen. Sie sondern einen Zuckersaft ab, der zu Pilzbefall führen kann. Sind nur wenige Blattläuse vorhanden, kann man sie abspülen und mit einem Pinsel entfernen. Als chemische Präparate werden häufig Spritzmittel auf der Basis von Pyrethrum angeboten, dem Wirkstoff, mit dem sich die Chrysantheme gegen Schädlinge wehrt. Allerdings sollte man bei bestimmten *Dendrobium*-Arten vorsichtig sein, die diese Mittel nicht vertragen. Es gibt verschiedene Kombinationspräparate in Stäbchenform, die in den Pflanzstoff gesteckt, dort langsam freigesetzt und über die Wurzeln aufgenommen werden. Orchideen besitzen einen sehr langsamen Stoffwechsel, sodass die Wirkstoffe oft gar nicht die Blätter erreichen.

Pilzbefall an einer *Phalaenopsis*-Blüte durch übermäßige Feuchtigkeit

Schnecken sind vor allem im Gewächshaus eine Bedrohung, wo ihnen die Feuchtigkeit sehr behagt. Sie fressen an Neutrieben, Knospen und Wurzelspitzen. Größere Exemplare arbeiten sich auch durch die Pseudobulben. Dieser Schaden lässt sich mit Schwefelpulver eindämmen, während Sie die Schnecken mit Apfel- und Kartoffelscheiben anlocken können, um sie dann abzusammeln. Diese ziehen vor allem kleine Schnecken an, die sich unter den Scheiben verstecken. Andere mögliche Schädlinge sind Raupen und Rüsselkäfer. Nach ihnen muss man regelmäßig schauen, sobald sich ein Schaden zeigt. Sie fressen vor allem an Neutrieben, Knospen und an den Luftwurzeln. Außerdem können sie großen Schaden an weichlaubigen Orchideen anrichten. Diese Schädlinge treten fast ausschließlich im Gewächshaus auf und können nur auf chemischem Wege bekämpft werden.

Schwieriger zu entdecken sind Rote Spinnen (Spinnmilben), Schildläuse und Schmierläuse. Rote Spinnen sind mit bloßem Auge kaum zu erkennende rötliche Milben, die an den Blattunterseiten leben und trockene Luft bevorzugen. Gewöhnlich sieht man eher das Schadbild als die Tiere. Man erkennt sie am silbrigen Aussehen der Blätter. Im Gartencenter gibt es entsprechende Spritzmittel, die man mehrfach ausbringen muss, um auch die aus den Eiern schlüpfenden Jungtiere zu beseitigen.

Schildläuse sind etwa 3 mm lang. Ausgewachsene Tiere verstecken sich unter einem weißen oder bräunlichen Schild und bewegen sich nicht. Es kann schwierig werden, sie loszuwerden. Entfernen Sie sie mit einer Zahnbürste und Seifenlösung. Da man nur die ausgewachsenen Tiere sieht, ist diese Behandlung mehrfach zu wiederholen.

Schmierläuse sind etwa 3 mm lang und bedecken ihren Körper mit einer wachsartigen Schicht. Sie verstecken sich gern unter Hüllblättern und hinterlassen gelbe Flecken, wo sie am Blatt gesaugt haben. Auch sie kann man nur durch Abbürsten oder mit einem alkoholgetränkten Wattebausch entfernen.

Krankheiten entstehen nur, wenn die Pflanzen längere Zeit vernachlässigt werden. Die häufigste Infektion erfolgt durch das *Cymbidium*-Mosaikvirus, das durch saugende Insekten übertragen wird. Es zeigt sich durch weiße Flecken auf den neuen Blättern, die später häufig von Pilzen befallen werden. Leider gibt es gegen Viren keine Mittel, sodass befallene Pflanzen vernichtet werden sollten, damit sich die Krankheit nicht ausbreitet.

Die Blätter von *Phalaenopsis* und die grünen Bulben von *Odontoglossum, Lycaste* und *Zygopetalum* werden manchmal durch Bakteriosen geschädigt. Sie zeigen sich durch wässrige, schwarze Flecken und können mit Schwefelpulver bekämpft werden.

Orchideenpflege im Lauf des Jahres

Frühjahr
- Tägliche Kontrolle, ob gegossen werden muss und Übersprühen der Blätter.
- Markieren von Blütenständen mit einem Stab, damit sie nicht versehentlich beschädigt werden.
- Blütenstände während des Wachstums stützen, aber den mit Blüten besetzten Teil natürlich überhängen lassen.
- Alte Blüten entfernen und alte Blütenstände an der Basis abschneiden. Nicht bei *Phalaenopsis*, bei denen man bei einer starken Pflanze eine zweite Blüte erhalten kann, wenn man oberhalb eines Auges abschneidet.
- Nach der Blüte bei Bedarf umtopfen. Keine blühenden Pflanzen umtopfen.

Sommer
- Einen Platz für die Pflanzen suchen, die den Sommer draußen verbringen sollen, am besten im Schatten eines Baums oder eines Zauns, wo sie morgens und abends Sonne bekommen, aber niemals mittags.
- Orchideen im Garten häufiger gießen und düngen als im Gewächshaus, da sie kräftiger wachsen. Durch tägliches Sprühen eine angemessene Atmosphäre schaffen.
- Orchideen im Haus an einen schattigeren Ort stellen. In heißen Regionen sowohl die Orchideen draußen als auch im Gewächshaus schattieren.
- Mit Kieselsteinen und Wasser gefüllte Schalen und regelmäßiges Sprühen halten die Temperaturen niedriger.

Herbst
- Die draußen kultivierten Pflanzen ins Haus holen und an einen kühlen Ort stellen.
- Wurde im Gewächshaus inzwischen Gemüse gezogen, das Haus gründlich reinigen, um Schädlinge und Krankheiten zu vermeiden.
- Die Wasserschalen im Haus gründlich reinigen und die Kieselsteine gegebenenfalls austauschen.

Winter
- Die Pflanzen im Gewächshaus weniger feucht halten und nicht mehr besprühen, damit das Wasser nicht zu lange auf den Blättern stehen bleibt. Nur vormittags wässern und nur bei Temperaturen über 10 °C.
- Auch im Haus weniger gießen und die Blätter nur leicht benebeln oder mit einem feuchten Schwamm abwischen.
- Orchideen an ein helleres Fenster stellen, damit sie so viel Licht wie möglich bekommen. Darauf achten, dass die Blätter nicht die Fensterscheibe berühren.
- Wenn die Tage wieder länger werden, nach Anzeichen von Neutrieben suchen. Bei diesen Pflanzen langsam wieder stärker gießen und gegebenenfalls auch etwas düngen.

Register

A
Aerides lawrenceana 197
Ameisen 22
Angraecum 18
– *sesquipedale* 18
Anguloa 16, 218
– *uniflora* 16, 116
Angulocaste 116
Antheren 14, 17
Arten, Anzahl 9
–, bedrohte 47
–, Namen 19, 20
Ascocenda 188
– Meda Arnold 190
Ascocentrum 55, 197
– *curvifolium* 188, 189
– *miniatum* 187, 188
Aspasia lunata 167
Aufbau, Blüten 14 ff., 14
–, subterrane Orchideen 9
–, terrestrische Orchideen 9
–, von epiphytischen Orchideen 10 ff.
aufrecht wachsende Orchideen, Umtopfen von 211
Augen, ruhende 216, 216

B
bakterielle Krankheiten 219
Barkeria lindleyana 166
Bäume, für epiphytische Orchideen 10
bedrohte Arten 47
Bestäubung 10, 15, 17, 20
Bienen 15, 17
Blähton 201
Blüten 16 ff.
–, männliche 18
–, weibliche 18
Blütenstand 14
Botanische Namen 19, 20
Brassavola nodosa 18
Brasscidium Kathleen Oka 82
Brassia 68, 78, 82, 87
– Arania Verde 114
– Rex 115
– *verrucosa* 115
Bucheckern 200
Bulbophyllum 15, 18, 123
– *barbigerum* 15
– *elassonotum* 122
Calanthe 11, 205, 206, 218
– Grouville 196
– Prinsesse Alexandra 196
– *rosea* 196
Catasetum 18
Cattleya 8, 44, 45
–, Blätter 12
–, Blüten 14, 15

–, Duft 18
–, Habitat 23
–, Hybriden 126 ff.
–, Kultur 44, 45
–, Licht 208
–, Pflanzenschutz 206
–, Ruhezeit 218
–, Teilung 215, 215
–, Umtopfen 210, 211
–, Vermehrung 216, 217
–, Wuchs 11
Cattleya bicolor 129
– *braziliensis* 10
– Hawaiian Wedding Song 131
– *intermedia* 131
– Little Miss Charming 130
– *loddigesii* 130, 131
– *mossiae* 132
Cattleychea Siam Jade 133
Cattlianthe Sir Jeremiah Colman 130
Catyclia El Hatillo 'Santa Maria' 132
Caulathron bicornatum 22
Christieara Renée Gerber 'Fuchs Confetti' 56, 197
CITES 47
Cochlioda 31, 74, 75, 78
Coelogyne 11, 23, 36, 37, 208, 209, 214, 218
– *barbata* 94
– *cristata* 36, 37
– *fuscens* 96, 97
– Green Dragon 'Chelsea' 164
– *lawrenceana* 94
– Memoria William Micholitz 'Burnham' 94
– *mooreana* 94
– *mooreana* 'Brockhurst' 96
– *ochracea* 18
– *pandurata* 164
– *speciosa* 164
– *tomentosa* 164, 165
Convention on International Trade in Endangered Species (CITES) 47
Coryanthes 15
Cymbidium 62 ff.
–, Blätter 12
–, Blüten 14, 15
–, Düngung 205
–, Gießen 202
–, Habitat 23
–, Kultur 27 ff.
–, Lebensdauer 11
–, Licht 208
–, Mosaikvirus 219, 220

–, Pflanzenschutz 206
–, Ruhezeit 218
–, Substrat 200
–, Temperaturbereich 209
–, Umtopfen 210, 212, 213
–, Vermehrung 216
–, Wuchs 11
Cymbidium Bethlehem 65
– Bruttera 63
– Cotil Point 'Ridgeway' 64
– Cotil Point 62
– *eburneum* 65
– *ensiflorum* 60
– *erythrostyllum* 65
– *floribundum* 67
– Glowing Valley 'Sunrise' 65
– *grandiflorum* 28
– *lowianum* 19
– *lowianum* var. *concolor* 20
– Maureen Grapes 'Marilyn' 60
– Mini Sarah 'Sunburst' 67
– Mini Splash 'Fantasy' 29
– Nevada 66
– Summer Pearl 'Sonya' 27
– Tangerine Mary 62
– *traceyanum* 62
– Valley Blush 'Magnificent' 28, 60, 61
– Valley Splash 'Awesome' 26, 66
Cycnoche 18
Cypripedium 8, 9, 22, 47
– *calceolus* 22
– *guttatum* 21

D
Dämpfen 207
Darwin, Charles 18
Dendrobium 8, 38 ff.
–, Blätter 12
–, Habitat 23
–, Kultur 38 ff.
–, Licht 208
–, Ruhezeit 218
–, Vermehrung 217
–, Wuchs 11
Dendrobium All Seasons Blue 138
– *atroviolaceum* 138
– *bigibbum* 41, 135
– Dale Takiguchi 139
– Ekapol 8
– *goldschmidtianum* 134
– *infundibulum* 41, 104
– Lucky Seven 106
– *nobile* 38 ff., 104 ff., 139, 217
– *nobile* var. *cooksonii* 107
– Oriental Paradise 106
– *phalaenopsis* 8, 217
– Prima Donna 38
– *rhodostictum* 138
– Ruby Beauty 137
– *senile* 105
– Siam Jewel 39, 136
– Superstar Champion 105
– Tancho Queen 108

– Thongchai Gold 40, 135
– *victoria-regina* 134, 134
Dendrochilum magnum 109
Doricentrum Pulcherrimum 187
Dränage 212
Duft 15, 17, 18
Dünger 19
Düngung 204, 205

E
Encyclia 36
Encyclia alata 100
– *tampensis* 132
Epidendrum 51
– *centropetalum* 162
– *ciliare* 51, 160, 161
– *ilense* 159, 160, 162
– *parkinsonium* 51
– Pink Cascade 160
– Plastic Doll 159
– *pseudepidendrum* 51, 158, 159
– *radicans* 50, 51
– *revolutum* 160
– *wallisii* 163
Epipactis 22
epiphytischer Wuchs 10
Eselsohr-Oncidium 32
Euanthe 55
– *sanderiana* 15, 55, 188
Eulophia petersii 9
Evolution 8, 9, 20

F
Fliegen 15, 18
Florfliegen 219
Flüssigdünger 204, 205
Frauenschuhorchideen 8, 23, 215
Gattungen, Anzahl 9
Gattungsnamen 19
Gießen 202 ff.
Gongora 119
– *galeata* 119
– *maculata* 119
Grammatophyllum speciosum 10
Guarianthe 130

H
Habitat 9, 10, 11, 21, 22
Hammarbya palugosa 9
Heizung 207, 209
Honig 15, 17
Hybriden 18, 20
–, intergenerische 20

I
immergrüne Orchideen 210, 218
Inflorescenz 14
Insekten 17, 18
intergenerische Hybriden 20
Internationales Register der Orchideenhybriden 7

K
Kalkablagerungen 204
Kalthausorchideen 23, 59 ff., 209

Keikis 216, 217
Keimung 19
Kew World Monocot Checklist 7
Klima 9, 10
Klon 19
Knospen, ruhende 216
Kokosfasern 200
Krankheiten 219, 220
–, bakterielle 219
–, in der Ruhezeit 218
–, Teilung 210, 214
–, Umtopfen 210, 211
–, Wurzeln 202
Kreuzbestäubung 20
Kultur 199 ff
–, *Cattleya* 44 f.
–, *Coelogyne* 36 f.
–, *Cymbidium* 27 ff.
–, *Dendrobium* 38 ff.
–, *Miltoniopsis* 34 f.
–, *Odontoglossum* 31 ff.
–, *Paphiopedilum* 48
–, *Phalaenopsis* 52 f.
–, *Phragmipedium* 49
–, *Pleione* 42 f.
–, *Prosthechea* 36 f.
–, *Vanda* 55 ff.
Kunthara Stefan Isler 78

L
Labellum 14, 15
Langzeitdünger 204, 205
Lattenkörbchen 215
laubabwerfende Orchideen 210, 218
Licht 207, 208, 218
– und Pflanzenschutz 204, 206
– und Umtopfen 210
–, bei monopodialen Orchideen 13
Lippe 14, 15
–, Funktion der 15
Ludisia discolor 166, 166
Luftfeuchtigkeit 204, 207
Luftwurzeln 10, 204, 211, 219
Lycaste skinneri 120

M
Mangroven 22
Masdevallia 15
– *veitchiana* 117
– Whiskers 17, 117
Maxillaria picta 18
Mikroklima 207
Miltassia Cairns 87
Miltonia 31, 34
– *clowesii* 17, 90
– *spectabilis* 86, 87
– *vexillaria* 90, 91, 93
Miltoniopsis 31, 34 f.
–, Blätter 12
–, Duft 18
–, Habitat 23
–, Hybriden 70, 78, 84, 87
–, Kultur 34 f.
– Cindy Kane × Beethoven 88
Miltoniopsis clowesii 35

– Eureka 91
– Lyceana 'Stampland' 90
– Mrs J B Crum 'Chelsea' 89
– Nancy Binks 91
– *phalaenopsis* 88
– Robert Strauss 'White Flag' 93
– *roezlii* 90
– St Helier 'Pink DeLicht' 88
– St Helier 'Plum' 34, 84, 85
– *vexillaria* 'Josephina' 84
– Zoro × Saffron Surprise 92, 93
Mimikri 17
monopodiale Orchideen 11, 12, 13, 211, 216
Moos 201
Mosaikvirus 219, 220
Mücken, Bestäubung durch 15
Mykorrhiza 19

N
Nachtduftende Orchideen 18
Nachtfalter 18
Namen 19, 20
Naturschutz 207, 209
Nebeln 206

O
Odontioda 31
– Aviewood 30
– Feuerkugel 70
– Florence Stirling 75
– Marie Noel 'Bourgogne' 71
– Quedlinburg 31
Odontiopsis Boussole 'Blanche' 70
Odontocidium Isler's Goldregen 73
– Purbeck Gold 73
Odontoglossum 31 ff., 68, 70, 71
–, Blätter 12
–, Blüten 14, 15
–, Düngung 205
–, Habitat 23
–, Hybriden 68 ff, 87
–, Krankheiten 220
–, Lebensdauer 11
–, Pflanzenschutz 206
–, Ruhezeit 218
–, Vermehrung 216
– *crispum* 70, 71
– *harryanum* 77
Odyncidium Hansueli Isler 72
Oncidium 31, 32 f.
– Aloha Iwanaga 81, 81
– *flexuosum* 17, 80, 81
– *incurvum* 32, 75
– *ornithorhynchum* 18, 75, 83
– Sharry Baby 'Sweet Fragrance' 83
– *sphacelatum* 81

– *tigrinum* 32, 73, 74
– Twinkle 33
– *varicosum* 81
–, Blüten 15
–, Hybriden 73–5, 78, 81, 82
–, Kultur 32–3
–, Umtopfen 211
Ophrys 17
Orchideen, immergrüne 210, 218
–, laubabwerfende 210, 218
–, sympodiale 11–12, 210, 216
–, terrestrische 9
Orchideendünger 204
Ovarien 19

P
Paphiopedilum 8, 47–8
–, Blätter 12
–, Blüten 15
–, Gießen 203
–, Kultur 48
–, Licht 208
–, Maudiae-Typ 48
–, Pflanzenschutz 206
–, Rothschildianum-Gruppe 48
–, Ruhezeit 218–19
–, Typen 48
–, Wuchs 12
Paphiopedilum barbatum 140, 143
– *bellatulum* 22
– *callosum* 148
– *callosum* var. *sanderae* 144
– Chiquita 143
– *delenatii* 140, 144
– Deperle 140
– Eric Young 18
– Gina Short 144
– *glaucophyllum* 142
– Holdenii 144, 145
– *insigne* 143, 148
– Jac Flash 148, 149
– Jersey Freckles 46, 143
– Leeanum 148
– Maudiae 144
– Pinocchio 17, 142
– Prime Child 147
– *primulinum* 140, 142, 143, 146, 147
– *rothschildianum* 147
– SilverLicht 146
– *spicerianum* 147, 147, 148
– *villosum* 140, 141, 143
Petalen 14, 15
Pflanzenschutz 204, 206
Pflanzsubstrat 200
Pflege 221
Phalaenopsis 23, 52 f.
–, Blüten 14
–, Habitat 23
–, Krankheiten 220, 220
–, Kultur 52 f.
–, Licht 208
–, Luftfeuchte 207

–, Pflanzenschutz 206
–, Ruhezeit 219
–, Umtopfen 211
–, Vermehrung 216, 217
–, Wuchs 12, 13
Phalaenopsis Brother Buddha 176
– Culiacan 177
– *equestris* 177, 184
– Fajen's Fireworks 180
– Follett 174, 174
– Golden Bells 172
– Golden Hat 52
– Happy Girl 53
– Hawaiian Darling 174
– Hisa Lady Rose 183
– × *intermedia* 180
– Lipperose 180
– Little Skipper 182
– *lueddemanniana* 172, 216
– Paifang's Golden Lion 172, 173
– Petite Snow 182
– Pink Twilight 178, 179
– Pinlong Gleam 184
– *pulcherrima* 184, 186, 187
– *pulcherrima* 'Chumpenensis' 186
– *pulcherrima* var. *alba* 184
– Quevedo 184, 185
– Romantic Tango 178
– San Luca 175
– *sanderiana* 178
– *schilleriana* 178
– *stuartiana* 174, 177, 180, 182, 184
– Sweet Memory 177
– *violacea* 177
– Yellow Treasure 181
Phosphatdünger 205
Phragmipedium 8, 47, 49
– Beauport 153
– *besseae* 49, 152, 152, 153, 154, 155, 157
– Corbière 156, 157
– Don Wimber 154
– Eric Young 157
– Grouville 152
– *longifolium* 9, 150, 150, 155, 157
– *sargentinianum* 153
– *schlimii* 150
– Sedenii 47, 150, 151
– St. Ouen 154
– St. Peter 155
Pilze und Keimung 19
Pilzkrankheiten 207, 220
Pinienrinde 200, 201
Planthera 22
Pleione 42 f.
–, Kultur 42 f.
–, Lebensdauer 11
–, Pflanzenschutz 206
–, Ruhezeit 218
–, Temperaturbereich 209
Pleione confusa 112
– Etna 113, 113
– *formosana* var. *semi-alba* 113

– *limprichtii* 113
– Shantung 'Ridgeway' 112
– *speciosa* 43, 110, 110, 111, 113
– Versailles 42
Pleurothallis 15
Pollen 17
Pollenkappe 14, 17
Pollinien 15, 17
Primärhybriden 20
Prosthechea 23, 36 f., 218
– *brassavolae* 98
– *cochleata* 15, 19, 101
– *lancifolia* 101
– *mariae* 133
– *radiata* 15, 18, 99, 102, 103
– Sunburst 36, 99
– *vitellina* 99, 103
Pseudobulben 11 f.

R
Raupen 220
Regenwald 10, 11
Resupination 15
Rhizanthella 9
Rhizome
– und Umtopfen 210 f.
–, Teilung 214
–, Vermehrung 217
Rhynchioglossum
– Kalkastern 70
Rhyncholaelia 44
Rhynchosophrocattleya 44
Rhynocostele 68, 69, 70
– *bictoniensis* 20, 68
– *bictionensis* × Brassia Stardust 69
– Violetta von Holm 'Wilma' 20
– *rossii* 70
Rinde 200, 201, 204
Rispen 14
Rote Spinne 220
Royal Botanic Gardens, Kew 7
Royal Horticultural Society 7
Rückbulben 12, 210, 214 f.
Ruheperiode 218, 219
Rüsselkäfer 220

S
Salztolerante Orchideen 22
Samen 19
Samenkapseln 19
Sanderara Rippon Tor 'Burnham' 78, 79
Säule 14, 17
Schädlinge 219, 220
Schalen, zur Erhöhung der Luftfeuchtigkeit 23, 207
Schattierung 207, 208
Schildläuse 220
Schimmel 219, 220
Schlechterara 55
– Blue Boy 'Indigo' 54, 190, 191
– Fuchs Flame 189
– Fuchs Sunkist 'Mike' 57, 190

– Fuchs Yellow Snow 188
– Su-Fun Beauty 'Orange Bell' 188
Schnecken 219 f.
Schwärmer 18
Schwefelpuder 217, 219, 220
Sepalen 14
Sobralia 15, 22
Sonnenlicht 207 f.
Sophrocattleya 44
– Drumbeat 127
– Elizabeth Fulton 'La Tuilerie' 129
– Madge Fordyce 'Red Orb' 45
– Persepolis 132
– Rocket Burst 'Deep Enamel' 126
– Veldorado 'Polka' 128
Sophronitis 44
– *coccinea* 126
– *lobata* 126
– *pulcherrima* 126
– *purpurata* 126, 127, 132
Spinnenorchideen siehe Brassia
Spinnmilben 220
Stanhopea 10
–, Ruhezeit 207 f.
–, Teilung 215
–, Wuchs 12
Stanhopea maculosa 118
Staunässe 202
Stecklinge 217
Steinwolle 201, 202
Sterilisieren 212
Stickstoffdünger 205
Stiefmütterchenorchideen siehe Miltoniopsis
Stigma 14, 17
Struktur 10 ff.
Symbiose mit Insekten 17, 18
Symbiose mit Pilzen 19
sympodiale Orchideen 11, 12, 210, 216
sympodialer Wuchs 11, 12

T
Teilen 210, 214, 215
Temperaturbereich 207, 209
temperierte Orchideen 23, 125 ff., 209
terrestrische Orchideen 9
Thermometer 208, 209
Thunia marshalliana 121
Tongranulat 201
Torf 200, 204
Trichopilia tortilis 116
Tropen 10 ff.
Tundra 22

U
Übergießen 202
Umtopfen 210 ff., 213
Umtopfen, in der Ruhezeit 203, 205, 218, 219

REGISTER 223

V

Vanda 55 ff., 88
–, Blüten 14
–, Gießen 204
–, Hybriden 197
–, Kultur 55 ff.
–, Ruhezeit 219
–, Teilung 215
–, Umtopfen 211
–, Vermehrung 216, 217
–, Wuchs 12 f.
Vanda coerulea 55, 188, 190, 192, 193
– *cristata* 194
– Laksi 189
– *suavis* 194, 195
– *tessellata* 193
– Thonglor 189
– Violeta 'Fuchs Sky' 193
Vandanthe 55
– Memoria Lyle Swanson 'Justin Grannel' 55, 193
– *rothschildiana* 55
– Varavuth 192, 192
Vanilla 8
– *humboldtii* 21
– *planifolia* 21
vegetative Vermehrung 216 f.
Velamen 219
Vergilben 205, 208
Vermehrung 216 f.
–, aus Rhizomen 217
–, Keikis 216, 217
–, Rückbulben 210, 216
–, Teilung 210, 214 f.
–, vegetative 216 f.
Viruskrankheiten 219, 220
Vylstekeara Cambria 'Plush' 77
– Cambria 'Yellow' 76, 77

W

Warmhausorchideen 23, 171 ff., 209
–, Gießen 201 ff.
–, Ruhezeit 219
weibliche Blüten 18
Werkzeuge, zum Sterilisieren 212
Wilsonara 74
– Kolibri 75
– Uruapan 'Tyrone' 74
– Widecombe Fair 75
Wind, als Samenverbreiter 19
Wollläuse 220
Wuchs, epiphytischer 10
–, monopodialer 12, 13
Wuchs, sympodialer 12, 13
Wurzelknollen, von terrestrischen Orchideen 9
Wurzeln, an Pseudobulben 202
–, bei sympodialen Orchideen 12
–, beim Teilen 214, 214
–, beim Umtopfen 210, 224 211, 212
–, in der Ruhezeit 219
–, Luft- 10, 204, 211, 219

X

Xanthopan morgani praedicta 18

Z

Zygopetalum 220
– Luisendorf 169
– *maxillare* 168

Danksagung

Autoren und Verlag möchten sich bei Sara Rittershausen und dem Personal der Burnham Nurseries für ihre Unterstützung bei der Produktion dieses Buchs bedanken. Unser Dank gilt auch Dolores Sanchez und Jasmine Burgess für ihre Assistenz bei der Fotoproduktion und Jennifer Vine von der Lindley Library, die uns bei der Recherche in den Archiven der Royal Horticultural Society unterstützt hat.

Bildnachweis

Alle Fotos von Linda Burgess außer Seite 21 links Brian Rittershausen; 21 Mitte © The Natural History Museum, London; 21 rechts NHPA/KA Callow; 22 oben Oxford Scientific Films/Jim Clare; 22 unten Reflex Stock.

Burnham Nurseries

Versandhandel und Katalog sind erhältlich bei Burnham Nurseries Ltd, Forches Cross, Newton Abbot, Devon TQ12 6PZ, England, Telephone 0044 1626 35 22 33, Fax 0044 1626 36 21 67, www.orchids.uk.com. Zusätzlich zum breiten Angebot an Orchideen bieten wir ausgewählte Kollektionen für Anfänger, Substrate und Zubehör an.

Impressum

First published in 2009 by Quadrille Publishing Limited, Alhambra House, 27–31 Charing Cross Road, London WC2H 0LS, www.quadrille.co.uk
EDITORIAL DIRECTOR Jane O'Shea
ART DIRECTOR Helen Lewis
EDITOR Simon Davis
DESIGNER Katherine Case
SPECIAL PHOTOGRAPHY Linda Burgess
PRODUCTION DIRECTOR Vincent Smith
PRODUCTION CONTROLLER Denise Stone
Text © 1999, 2002, 2009 Wilma and Brian Rittershausen
Special Photography © 1999, 2002 Linda Burgess
Edited text, design and layout © 2009 Quadrille Publ. Ltd.

Für die deutschsprachige Ausgabe
1. Auflage
© 2010 Franckh-Kosmos Verlags-GmbH & Co. KG, Stuttgart
Alle Rechte vorbehalten
ISBN 978-3-440-12188-7

Aus dem Englischen übersetzt von Dr. Joachim Erfkamp

Umschlaggestaltung nach einer Vorlage von Quadrille Publishing Ltd. unter Verwendung von Fotos von Linda Burgess

Projektmanagement: Kullmann & Partner, Stuttgart
Lektorat: Dr. Sigrun Künkele, Hamburg
Produktion: Kullmann & Partner, Stuttgart

Printed in China / Imprimé en Chine